ROCCO TARANTINO

DONNA VIPERA VELENOSA
EINE WAHRE GESCHICHTE

ROCCO TARANTINO

DONNA VIPERA VELENOSA
EINE WAHRE GESCHICHTE

Bibliografische Information der Deutschen Nationalbibliothek
Die Deutsche Nationalbibliothek verzeichnet diese Publikation in der Deutschen Nationalbibliografie; detaillierte bibliografische Daten sind im Internet über http://dnb.dnb.de abrufbar.

Titel der Originalausgabe:
Donna Vipera Velenosa

Untertitel der Originalausgabe:
Eine wahre Geschichte

Autor:
Rocco Tarantino

Manuskript © Rocco Tarantino

1. Auflage, 2016

208 Seiten

Dieses Werk ist urheberrechtlich geschützt.
Alle Rechte, auch die der Übersetzung, des Nachdrucks, der Verfilmung und der Verfielfältigung des Buches oder Teilen daraus, vorbehalten.

Künstlerischer Leiter der Originalausgabe:
Rocco Tarantino

Design und Layout mit Adobe Illustrator CC
Umschlaggestaltung mit Adobe Photoshop CC
Manuskript Scan mit Adobe Acrobat Pro DC

Alle Fotos © Rocco Tarantino

Herstellung und Verlag:
BoD - Books on Demand, Norderstedt

© 2016 Rocco Tarantino

ISBN 978-3-7412-1083-9

Ich widme dieses Werk meiner Familie, insbesondere meinem Sohn Marco und meinen beiden Enkeltöchtern Sofia Maria und Emilia.

Für die nachfolgenden Generationen meiner Familie.

ROCCO TARANTINO

DONNA VIPERA VELENOSA
EINE WAHRE GESCHICHTE

INHALT

VORWORT 9

ALPHABET 11

DIE WAHRE GESCHICHTE 13

DAS ORIGINALDREHBUCH 167

VORWORT

DONNA VIPERA VELENOSA

STORIA VERA STORIA

OLTRE DIECI ANNI SONO PASSATI
VELOCE PER SCRIVERE QUESTI LIBRI
DIVERSAMENTO DI TUTTI I ALTRI AUTORI
E SCRITTORI NEL MONDO.
E ANCHE PER POTERLO FARE CAPIRE
MEGLIO A TUTTI
 ANCHE AI LETTORI CHE NON VEDONO
TANTO BENE IL SCRITTO PICCOLO A UNA
CERTA ALTA ETA.
MA MIA SERVITO QUASO TUTTO LA MIA
GRANDE FORZA E LA VOLONTA E CON
TANTISSIMI SONNI PERSO E BELLISSIME
GIORNI E NOTTE D'IVERTIMENTI CON
LE BELLEZZE
IN QUESTI DI OLTRE DIECI ANNI
LUNGI. MA QUESTA VERA STORIA VERA
E PER TUTTI MESSO IL NERO SUL BIANCO
IN QUESTO PIANETO BLU ETERNAMENTO DA.

 Rocco Tarantino

ROCCO TARANTINO

ALPHABET

A	B	C	D	E	F
a	b	c	d	e	f
G	H	I	J	L	K	M
g	h	i	j	l	k	m
N	O	P	Q	R	S
n	o	p	qu	r	s
T	W	V	Y	Z
t	w	v	y	z
Ü	Ö	Ä
ü	ö	ä

ROCCO TARANTINO

ROCCO TARANTINO

DONNA VIPERA VELENOSA

DIE WAHRE GESCHICHTE

DONNA VIPERA VELENOSA

NATA NELLE BELLE VALLE VERDE DEL MEDITERRANEO CON MILLE COLORI E PROFUMO DI DOLCI SAPORI MERAVIGLIOSI.

A QUEL' EPOCA ERA COSI I BAMBINI IN GENRO PATORIVANO IN CASA PATERNA È NON CERANO ANCHE ALTRE POSSIBILITA DI ANDARE A PARTURIRE NELLE CLINICHE CHE ERANO MOLTO LONTANO.

ALLA MATTINA DELLA NASCITA PREVISTA ERA ANCHE MOLTO CALDO È SI SUDAVO TANTISSIMO CHI PREPARAVO L'ACQUA CALDA È I PANNI È ALTRI ARTICOLI IGIENICI IN SIEME ALLA VAMMACE È IL DOTTORE CHE SERVIVANO PER LA NASCITA DE BAMBINO PREVISTO.

È TUTTE LA GENTE DEL PAESO DOMANTAVANO CURIOSAMENTO È NATO IL BAMBINO È COSA È UN BAMBINO HO UNA BAMBINA.
NO NON È ANCORA NATO. È NON SI SA.

DONNA VIPERA VELENOSA

VERSO MEZZOGIORNO FINALMENTO NAQUE LA BAMBINA MOLTO DESIDERATA ERA BELLISSIMA SANA E GRANDE È TUTTA LA FAMIGLIA ERA CONTENTISSIMA SIA LA MAMMA È COME LA BAMBINA PER LA NASCITA NON CERANO STATE COBLICAZIONE. E SI ABRACCIAVANO E SI DAVANO I CONBLIMENTI E TANTI AUGURI PER LA BELLA BAMBINA NATA.

PER DIVERSI GIORNI VENIVANO ANCHE MOLTISSIME PERSONE DEL PAESO È ANCHE A DARE ALLA FAMIGLIA GLI AUGURI È PORTAVANO ANCHE TANTISSIMI REGALI E AIUTAVANO ANCHE A FARE I LAVORI IN CASA CHE LA MAMMA ERA AL'ETTO PER MOTIVO DELLA NASCITA DELLA NEO NATA BAMBINA.
IL BABBO DOVEVO ANDARE A LAVORARE LA CAMPAGNIA.
CHE A QUEI TEMPI ANTICHI QUASI TUTTI ERANO CONTADINI.

E I ALTRI RAGAZZI DOVEVANO ANDARE ALLA SCUOLA ERANO MOLTI CONTENTI È FELICE CHE ERA NATO UNA SORELLINA COSI BELLISSIMA GRANDE E BELLA.

ROCCO TARANTINO

DONNA VIPERA VELENOSA

È QUANDO RITORNAVANO DALLA SCUOLA DOPO FATTO L'ELEZIONE DELLA SCUOLA POTEVANO GIOCARE CON LA PICCOLA BIMBA. È DI VEDERE GIORNI PER GIORNI COME BELLA CHE SCRESCEVA SPECIE QUANDO ERA TEMPI DELLA RACCOLTA DEI BELLI PRODOTTI DI CAMPAGNA.

LA MAMMA CI PREPARAVA SEMBRE I CIBI PER LA PICCOLA SORELLINA È LA DOVEVAMO DARE DA MANGIARE A MEZZOGIORNO È A VOLTE CI LITIGEVAMO ANCHE CHI LA DOVEVA DARE DA MANGIARE È CABIARE. IL PANNOLINO È COSÌ PASSEVAMO IL BEL TEMPO. IN SIEMO

MA NON ERAVAMO SOLAMENTO FRATELLO È SORELLA MA ANCHE ERA UNA BELLA SPERIENZA PER IL NOSTRO FUTURO DA QUASI DI ESSERE GENITORI DI RISERVA.

CHE AL'EPOCA ERA ANCHE NECESSARIO A QUEI TEMPI PER LA RACCOLTA IN CAMPAGNA È NON CERANO MACCHINE AGRICOLE ERANO ANCHE MOLTO CARO.
È NON CERANO I NIDO PER I NEO NATI È NÈ ANCHE GLI ASILI PER I BAMBINI

DONNA VIPERA VELENOSA

PICCOLI È COSI ERA ANCHE PER NOI DUE
UNA BELLISIMA COSA DI SPERIENZA PER
IL NOSTRO FUTURO.

DOPO DI ALCUNE SETTIMANE PASSATE CERA
IL BATTESSIMO DELLA BAMBINA.
CERTAMENTO ERA VESTITA TUTTO IN BIANCO
PER TRADIZIONE È ABITUDINE ERA
BELLISSIMA A GUARDARE È FU UNA BELLA
FESTA CON TUTTA LA FAMIGLIA È PARENTI
IN CHIESA.
DOPO LA CERIMONIA DEL BATTESSIMO IN CHIESA.
TUTTI ALLA CASA DEI GENITORI CHE ERA PER
TRADIZIONE È ABITUDINE CHE ERA GIA TUTTO
PREPARATO UNA GRANDE TAVOLA PER TUTTI
È ANCHE UN CONCERTO AL VIVO.
DOPO IL BANGETTO SI BALLAVA FINO A
TARDA ORA ERA PER ABITUDINA TRADIZIONE.

ERA PER NOI PIÙ BELLO QUANDO INIZIO
FARE I PRIMI PASSI LA BAMBINA.
CHE POTEVAMO GIOCARE TUTTI INSIEMO
SPECIE NEL' ESTATE.
È POTEVAMO ANCHE ANDARE DOVE LAVORAVANO
I NOSTRI CARI GENITORI IN CAMPAGNA.
È LA BAMBINA RIDEVA FELICE È CONTENTISSIMA
GIOCAVA CON I BELLI FIORI È ALTRE PIANTE

DONNA VIPERA VELENOSA

DI CAMPO CHE ERA ANCHE BELLISSIMI
DOPO DI TANTO GIOCO È DI AVEVA CORSA
TANTO SUL ERBA ERA ANCHE MOLTO STANGA
È COSO SI ADORMENTO PIÙ PRESTO. E NOI
POTEVAMO FARE ANCHE IN SANTA PACE LE
ELEZIONE PER LA SCUOLA È COME ANCHE
I ALTRI SERVIZI DI CASA.

CHE QUANDO RITORNAVANO I NOSTRI CARI
GENITORI DALLA CAMPAGNA ERANO
CERTAMENTO MOLTO STACO CHE SI SA I
LAVORI DI CAMPAGNA SONO MOLTO
PESANTISSIMI
COSÌ ERANO MOLTO CONTENTI QUANDO
VEDEVANO CHE ERANO GIÀ I LAVORI DI CASA
CHE ERANO AL QUANDO BENE FATTO
CIOÈ GIÀ DATO DA MANGIARE GLI ANIMALI
È ANCHE A PULIRE LE STALLE DEI ANIMALI
DEI CONGLI, PECORE MUCCHE GALLINE OCHE
NATRE TACCHINI ECCEDERA.

È LA MAMMA NEL TEMPO PREPARAVA LA
CENA PER LA BAMBINA È PER NOI TUTTI
NEL MOMENTO CHE NOI FINEVAMO I LAVORI
NELLE STALLE DEI ANIMALI.
TUTTI A LAVARE BENE LE MANI PRIMO
DI SEDERE A TAVOLA È PER PRIMO SI

DONNA VIPERA VELENOSA

DAVO PER PRIMO DA MANGIARE LA BIMBA ANCHE PER POTERE CENARE PIÙ BENE E TRANQUILLO E IN PACE PER TUTTA LA SERATA.
È COSI ERANO TUTTI I SANTISSIMI GIORNI È COSI SI ARRIVÒ ALLA ETA DI SETTE ANNI CIRCA. IL PRIMO GIORNO DI SCUOLA C'ERANO ANCHE I NONNI E ALCUNI ZII E PARENTI PRESENTI CON I CARTOCCI PIENI DI REGALI.

INSIEMO A TANTI ALTRI BAMBINI E CON TANTE ALTRE PERSONE A GUARDARE QURIOSAMENTO I NEO SCOLARI CHE ERANO TUTTI VESTITI IN BIANCO E BELLISSIMO A GUARDARE ERA UNA BELLISSIMA FESTA.
CHE ERA UNA COSA BELLA E INDIMENTICABILE NELLA L'ORA VITA.
SIA PER I BAMBINI DEL PRIMO GIORNO SCOLASTICO E PER I GENITORI ANCHE CHE ERA UN PASSO IMPORTANDO NELLA SUA VITA.

È COSI ERANO TUTTI LE SANTE MATTINE DI ALZARE PRESTO DI PREPARARE LA COLAZIONE E LA CARTELLA PER LA SCUOLA DI LAVARE TUTTO BENE E VESTITO PULITO E METTERE LA DIVISA DELLA SCUOLA CHE ERA

ROCCO TARANTINO

DONNA VIPERA VELENOSA

OBLICATORIA A QUEI TEMPI PER TUTTI I SCOLARI.
A MEZZOGIORNI ANDAVAMO TUTTI I SANTISSIMI GIORNI A PRENDERE LA CARA SORELLINA DALLA SCUOLA E ANDAVAMO INSIEME A CASA NOSTRA.

SI PRANZAVO TUTTI INSIEME CHE A MEZZOGIORNO ERANO SEMBRE ANCHE I NOSTRI GENITORI RITORNATO DALLA CAMPAGNA CHE ERA AL'ESTATE ANCHE MOLTISSIMO CALDO E NON SI POTEVO ANCHE LAVORARE SOTTO IL SOLE ARDENTE.

DOPO IL PRANZO E PER ABITUDINE TRADIZIONALE SI RIPOSAVO SEMBRE PER CIRCA UNA ORA TUTTI I GIORNI.
DOPO IL RIPOSO E I GENITORI ANDAVONO DI NUOVO A LAVORARE IN CAMPAGNA.
E NOI DOVEVAMO FARE I COMPIDI DELLA SCUOLA CHE CERANO ASSEGNATO I MAESTRI CHE IL GIORNO DOPO LI DOVEVAMO CONSEGNARE AI MAESTRI DELLA SUOLA E VENIVANO ASSEGNATI I VOTI OPPURO I PUNTI.
E COSI ERANO TUTTI I SANTISSIMI GIORNI FINA ALLE VACANZE ESTIVE SCOLASTICO CHE ERANO DA GIUGNIO FINO A SETTEMBRE.

DONNA VIPERA VELENOSA

NEL'
NEL'ESTATE ERAVAMO MOLTISSIMO FELICE
È CONTENTO CHE POTEVAMO DORMIRE PIU
LUNGO È A GIOCARE PER TUTTA LA
GIORNATA.
OPPURO ANDAVAMO DAI NONNI È ANCHE
DALLE ZIE PER PASSARE IL BELLISSIMO TEMPO
ALLA FINE DELLA SETTIMA CERTAMEN DO
QUANDO IL TEMPO ERA BELLO È PERMETEVO
ANDAVAMO A PASSARE UNA GIORNATA AL
MARE SULLA SPIAGGIA È SOLE.
NOI BAMBINI ERAVAMO MOLTO CONTENTI DI
GIOCARE SULLA SABBIA È NEL MARE A
NUOTARE È ALTRI GIOGETTI SUL LUNGO
MARE BLU È BELLISSIMO.

È SI SIAMO GIA A SETTEMBRE È FINE
DELLA BELLA ESTATE È ARRIVEDERCI MARE
BLU È SPIAGGIA AL PROSSIMO ANNO È CERTO
ALLA STESSA SPIAGGIA È SOTTO I OBRELLONI
CON I AMIGETTI CARI.
PUR TROPPO È COSI È LA VERAI VITA DEL
MEDITERRANIA SI DEVE RITORNARE DI
NUOVO A SCUOLA.
NOI ERAVAMO ANCHE MOLTO CONTENTI
CHE CERA TANTO DA RACCONTARE DELLE
COSE NUOVE. DOVE ERAVAMO PASSATO
L'ESTATE. AL MARE AI LAGI SULLE

ROCCO TARANTINO

DONNA VIPERA VELENOSA

MONTAGNE È TUTTI ERAVAMO CURIOSI DI SAPERE LE SOPRESE È DELLE NOVITA DEI ALTRI SCOLARI.
È COSI ERA RITORNATO ANCHE LA VERA VECCHIA STORIA. DI TUTTE LE SANTE MATTINE DI ALZARE PRESTO DI FARE COLAZIONE DI LAVARE BENE È VESTIRE PULITO DI METTERE LA DIVISA DELLA SCUOLA È DI ESSERE PUNTUALE ALLA SCUOLA.

COME IL SOLIDO A MEZZOGIORNO ALLA USCITA DELLA SCUOLA PRENDEVAMO LA SORELLA DALLA SCUOLA È ANDAVAMO PER LA VIA GIOCANDO VERSO CASA PER PRANZARE CHE I GENITORI ERANO GIA TORNATO DAL LAVORO DI CAMPAGNA È DOPO PRAZATO.
COME IL SOLIDO A RIPOSARE PER UNA ORETTA COSI DOPO SI FACEVANO I COMPITI PER LA SANTA SCUOLA.
È GENITORI RITORNAVANO A LAVORARE I CAMPI.

ALLA ETA DI CIRCA 10 ANNI LA SORELLA POTEVA FARE ANCHE LA PRIMA COMUNIONE È SI INIZIO GIA A PREPARARE PER USANZA È SI INVITAVANO TUTTI I

DONNA VIPERA VELENOSA

PARENTI È AMICI VICINI DI CASA PER
FESTIGIARE TUTTI INSIEME LA BELLA PRIMA
COMINIONE DELLA BAMBINA.
PER PRIMO SI ANDAVO ALLA CHIESA VESTITA
TUTTA IN BIANCO DOPO LA FINE DEL
BANGETTO. ERA PER TRADIZIONE È ABITUDINE
SI BALLA È A BERE È CANTARE TUTTI ERANO
FELICE È CONTENTI FINO A TARDA ORA
CON IL CONCERTO AL VIVO.

IL GIORNO DOPO IL LUNEDI SI DOVEVO
PRENDERE NATURALMENTO IL GIRO DELLA
SANTISSIMA SETTIMANA.
COME SEMBRE I GENITORI SI AZAVANO
PRESTO PER PREPARARE LA ROBBA PER
GLI ANIMALI È A PULIRE LE STALLE
INSIEME A NOI BAMBINI È LA NOSTRA
MAMMA COME IL SOLIDO PREPARAVA LA
COLAZIONE PER TUTTI NOI.
È COSI ANCHE PER LA SCUOLA QUANDO
ERA PRONDO CI CHIAMAVO A NOI TUTTI

LA COLAZIONE È GIA PRONTO È VENITE
SUBITO. È PRIMO TUTTI A LAVARE LE MANI
BENE È A SEDERE A TAVOLA A FARE
COLAZIONE CHE GIA TARDO.
CHE DOPO VI DOVETE ANCHE VESTIRE

ROCCO TARANTINO

DONNA VIPERA VELENOSA

CON LA DIVISA DELLA SCUOLA CHE ERA ANCHE OBLICATO.

È IL CICLO È DESTINO DELLA VITA È SI NOTA GIA DA NEO NATO CHE È UNA BAMBINA VIZIOSA È ANCHE CAPRICCIOSA È GELOSSISIMA È MOLTA AVVIZIATA GIA DA BAMBINA.
SPECIE SE È UNA RAGAZINA MOLTO SENSIBILA È MOLTO FORTO DI CARATERO È MOLTA FORTUNATA NELLA VIA DELLA SUA VITA ETERNA.

COSI CERCA GIA NEL MOMENTO CHE APRE I SUOI OCCHI. SI FA GIA SENTIRE CON I SUOI FORTISSIMI STRILLI È LACRIME NEI SUOI OCCHI È SUL VISO.
PER VINCERE SEMBRE I SUOI VERI CAPRICCI È QUANDO VEDE È SENDE CHE LI VENGONO CEDUTO È ACCAREZATA È TUTTO QUELLO CHE LEI VUOLE È LI RICEVE SEMBRE PER I SUOI CAPRICCI. E
È COSI DI PIÙ STRILLERA È PIANGERA FORTEMENTA È LI VIENE CEDUTO TUTTO CERTO PER I SUOI CAPRICCI

COSI SI LA PORTERA PER TUTTA LA SUA

VERA VITA ETERNA CHE È IL DESTINO
GIÀ DATO DA DIO.
PRIMO DELLA SUA NASCITA SUL MONDO.
COSÌ SI CONTINUO PER TUTTI GLI ALTRI
SANTISSIMI ANNI FINO ALLA FINE
DEL'ANNO SCOLASTICO DALLA TERZA MEDIA.

FINALMENTO LE BELLISSIME VACANZE
ESTIVE LIBERA DALLA SCUOLA È SENZA
STRSSO.
SOLE MARE BLU SPIAGGIA È BELLA
ABRONZATISSIMA.

ERA ANCHE ARRIVATO IL FAMOSO GIORNO
DI DECIDERE DI POTERE ANDARE AL GINNASIO
OH DI NON ANDARE.
LA DECISIONE ERA NELLE MANI GENITORI
DELLA RAGAZZA DI POTERE ANDARE A
STUDIARE HO NON POTERE.
DOPO DI ALCUNI GIORNI DECISERO CHE LA
L'ORA FIGLIA SI POTEVA ANDARE A
STUDIARE AL'UNIVERSITA.

CHE BELLISSIMA COSA ERANO I MIEI VERI
SOGNI DA BAMBINA DI ANDARE AL'UNVERSITA.
E MILLE GRAZIE CARISSIMI GENITORI.

DONNA VIPERA VELENOSA

DAL PRIMO GIORNO DEL'UNIVERSITÀ ERA ANCHE ARRIVATO IL GIORNO DELLA BELLA SEPARAZIONE DEI CARI AMICI DELLA VECCHIA SCUOLA È DELLA BELLISSIMA VITA SCOLASTICO.
È OGNUNO DI NOI DOVEVAMO PRENDERE UNA ALTRA LINEA DI AUTOBUS PER IL UNIVERSITÀ CHE SI TROVAVANO A UN ALTRO PAESE A CIRCA DI UNDICI KM. PIÙ LONTANO DALLA CASA VIVENTO.

È I ALTRI ANDAVANO ANCORA ALLA SOLIDA VECCHIA SCUOLA È CI INCONTRAVAMO TUTTI I SANTISSIMI GIORNI ALLA FAMOSA BELLA PIAZZA A PASSEGIARE È SALUTARE PER CHIACCHERARE È ANCHE PER LE BELLE NOVITÀ È SOPRESE COME GLI ALTRI ANNI PRECEDENTI.

È L'ORA DI PRANZO SI MA NON ERA PIÙ ALLE ORE DODICI. MA ERA SPOSTATO PER LA SCUOLA PER UNA ORA PIÙ TARDO IL PRANZO ESATTO ALLE ORE TREDICI.
È TUTTO IL RESTO ERA LACCIATO COME IL SOLIDO.
DOPO IL PRANZO SI RIPOSAVO PER UNA ORETTA I GENITORI COME SEMBRE ANDAVANO

A LAVORARE IL CAMPO E NOI STUDIAVAMO
E POIO SI POTEVO GIOCARE ISIEMO ALLA
SORELLINA OPPURO ANCHE CON I ALTRI CARI
RAGAZZINI DI VICINO CASA QUANDO ERA
POSSIBILE.

DOPO SI FACEVAVO I LAVORETTI DI CASA
NOSTRA CHE CI AVEVANO LASCIATO DETTO
I CARI GENITORI.
CIOE DI GOVERNARE E DARE A BERE TUTTI
I ANIMALI CHE ERA MOLO NECESARIO E DI
NON FARE MANGARE ASSOLUTAMENTO DI
NIENTO A TUTTI GLI ANIMALETI.

CHE ALLA SERA QUANDO RITORNAVANO DAL
LAVORO DI CAMPAGNA I NOSTRI GENITORI SI
PULIVANO TUTTI INSIEME LE STALLE DEI
ANIMALI.
E DOPO CHE SI ERANO FATTO TUTTE BENE
LE PULIZIE. SI CONTROLAVO TUTTO BENE
PER SIGUREZZA SE ERA TUTTISSIMO IN
ORDINE E COME ANCHE LE PORTE DELLE
STALLE SE ERANO TUTTE BENE CHIUSE.

ALLA FINE DI LAVARE LE MANI BENE PER
LA CENA CHE ERA GIA LA MAMMA TUTTO
PREPATO SULLA TAVOLA.

DONNA VIPERA VELENOSA

È CI SEDEVAMO TUTTI IN SIEMO A TAVOLA GRAZIE A DIO ERA ANCHE BELLISSIMO DI CENARE TUTTI IN SIEMO.
DOPO LA CENA ERAVAMO COSI TUTTI STANGI CETAMENTO CHE LA GIORNATA ERA LUNGA COSI ERAVAMO ANCHE CONTENTENTISSIMI DI ANDARE AL'ETTO A RIPOSARE DOLCEMENTO COME UN RE.

COSI ERA ANCHE ARRIVATO IL TEMPO CHE SI DOVEVO ANCHE FARE LA CRESIMA DELLA SORELLA È GIA SIGNORINA È SI INIZIO A PREPARARE PER LA CHIESA E A INVITARE LA GENTE PER IL GIORNO FISSATO DELLA CRESIMA.
LA VERA TRADIZIONE ERA A QUEI TEMPI ERA COSI PER USANZA È TRADIZIONALE ANTICA PER LA MORALITA È SOLIDARITA UMANA.

IL GIORNO DELLA CRESIMA CERANO TANTI PARENTI È VICINI DI CASA E AMICI DEL PAESO ERA COME IL SOLIDO LA CERIMONIA PER LA CRESIMA L'INCONTRO SI INIZIAVO IN CHIESA.
DOPO LA SANTA MISSA. SI ANDAVO TUTTI INSIEMO A CASA PER IL BANGETTO GRANDO.

DONNA VIPERA VELENOSA

LA SI RICEVEVANO PER PRIMO GLI AUGURI
IN CASA DEI GENITORI. E COSI VIA A
MANGIARE E MANGIA E BERE ALLA GRANDE.

COSI DOPO LA FINE DEL GRANDO BANGETTO
CERTAMENTO SI CONTINUAVO CON LA BELLA
FESTA SI LALLAVO E BEVEVO E SI CANTAVO
FINO A TARDA ORA CON IL CONCERTO
AL VIVO TUTTI ERANO CONTENTISSIMI E
FELICE COME IL SOLIDO.
E SI ANDAVO UNO DOPO L'ALTRO ALLE
L'ORO CASE E GRAZIE A DIO CHE ERANO
TUTTI STANGISSIMI. E COSI VIA TUTTI VIA.

E COME IL SOLIDO IL GIORNO DOPO OGNUNO
DI L'ORO PICCOLI E ADULTI AL SUO PROPIO
LOVORO DI CASE E DEI ANIMALETTI.
DOPO CHE TUTTO SI ERA FINITO I SERVIZI.
A LAVARE LE MANI A FARE COLAZIONE
DI VESTIRE E ANDARE ALLA SUOLA DI
ESSERE PUNTUALMENTO NEL'AULA.

I GENITORI IN CAMPAGNA A FARE I LAVORI
PIÙ NECESSARIO NEI CAMPI.
E SI GLI ANNI PASSAVANO VELOCEMENTO
SENSA ACCOREGERENE CHE ERANO ANCHE
ARRIVATO IL TEMPO DI DISCUTERE PER

DONNA VIPERA VELENOSA

POTERE CONTINUARE A STUDIARE OPPURO NO. E DOVE ANDARE A STUDIARE. CHE L'ANNO SCOLASTICO DEL GINNASIO ERA CUASO GIA FINITO.

I SUOI SOGNI LA ASSOLUTA PREFERENZA ERANO PER LA RAGAZZA CERTAMENTO L'UNIVERSITA.

GIA SI SA CHE QUASI TUTTI I GENITORI PER TUTTI I L'ORO FIGLI DI DARE UN FUTURO MEGLIO.
DEL L'ORO MALISSIMO PASSATO TEMPO PER IL LAVORO SENZA QUALIFICA È DI PLOMATO.

E COSI I GENITORI DECISERO BENE IN FAMIGLIA CHE POTEVA ANDARE A STUDIARE AL' UNIVERSITA COME ANCHE DESIDERAVA LA FIGLIA È ERA MOLTO CONTENTA È FELICE.
DELLA BELLISSIMA DECISIONE DEI SUOI GENITORI. È ALLA MATTINA SI DOVEVA ANCHE PARTIRE PIU PRESTO PER PRENDERE L'AUTOBUSSO CHE PARTIVO ANCHE UNA ORETTA PRIMO DEL SOLIDO PER TROVARSE AL' ORA ESATO ALLA

SCUOLA È PER NON AVERE GIÀ PROBLEMI
CON I PROFESSORI DEL UNIVERSITÀ.

È COSÌ PER ANNI È ANNI ANDAVO IL
STUDIO MOLTO BENE È LA SUA FAMIGLIA
ERA MOLTO CONTENTO CHE LA RAGAZZA
ERA MOLTO INTELIGENTA È RIUSCIVA
FACILMENTO A STUDIARE BENE.
MA GIÀ SI SA CHE IL UNIVERSITÀ È MOLTO
DURO MA SOPRA A TUTTO CHE LEI CI
TENEVO MOLTISSIMO A STUDIARE CHE
ERANO I SUOI SOGNI DA RAGAZZINA.

È TANTE VOLTE STUDIAVA ANCHE FINE A
MEZZANOTTE.
È LEI ERA CONTENTISSIMA QUANDO
VEDEVA CHE OTTENEVO QUASI TUTTE
LE VOLTE DAI PROFESSORI I VOTI PIÙ
ALTI DI TUTTI I ALTRI STUDENTI È LEI
SORRIDEVA FELICEMENTA.

È DICEVA SEMBRE AI ALTRI STUDENTI
DEL' UNIVESITÀ VEDETI I MIEI VOTI
CHE SONO AVUTO.
CHE È PER L'INPEGNO È PER IL TEMPO
CHE IO CI METTO SEMBRE PER STUDIARE.

DONNA VIPERA VELENOSA

GRAZIE A DIO CHE ANCHE LA SUA FAMIGLI CHE ERA CONTENTISSIMA E FELICE CHE LA L'ORA FIGLIA LA STUDENTESSA ERA UNA DEI MIGLIORA DEL' UNIVERSITA.

È COME ANCHE PER I PROFESSORI DEL' UNIVERSITA CHE ERANO MOLTO CONTENTI DI AVERE ALCUNI STUDENTI MOLTI BRAVI. CHE ERA ANCHE PER L'UNIVERSITA ALLA FINE DEL'ANNO SCOLASTICO ERA UN GRANDO PRESTIGIO MOLTO ALTO ANCHE PER TUTTI I PROFESSORI.

È FINALMENTO LE BELLE TANTO DESITERATE VACANZE ESTIVE SOLE MARE BLU È ALLA SPIAGGIA SOTTO I OMBRELLONI.
CERTAMENTO DI POTERE ANCHE AI CARI GENITORI IN CAMPAGNA CHE ERA ANCHE MOLTO NECESSARIO A QUEI TEMPI PASSATI. È QUANDO CERA UN PO DI TEMPO SI ANDAVO AL MARE PER PASSARE ANCHE DELLE BELLISSIME GIORNATE AL MARE NOSTRO BLU SULLA SPIAGGIA A NUOTARE E A GIOCARE CON I CARI RAGAZZI È CON LE AMICHETTE.
È ALLA SERA SI ANDAVA A BALLARE

DONNA VIPERA VELENOSA

A ME MI PIACEVO MOLTISSIMO IN SIEMO AI RAGAZZI E LE RAGAZZE E CON I ALTRI AMICI MA SOPRA A TUTTO IN DISCOTECA AL'APERTO NELLE PINETE A BALLARE.

CHE AL'ESTATE È ANCHE PIU BELLO È MOLTO PIU DIVERTENTE. E POIO SI ERA GIA ALLA FINE DEL'ESTATE.
E SI FACEVANO LE PREPARAZIONE PER IL STUDIO DEL'UNIVERSITA.
È GIA SI SA CHE SONO ANNI MOLTISSIMO E MOLTI INPEGNATIVO PER POTERE OTTENERE I VOTI PIU ALTI POSSIBILE PER NON FARE LA BRUTTA FIGURA.

SIA CON IL PROVESORIO PROFESSORO È CON I ALTRI STUDENTI DEL'UNIVERSITA È COME ANCHE DI NON FARE LASCIARE SCONTENTI AI MIEI CARI GENITORI.
È ANCHE A TUTTI I PARENTI DI ESSERE FELICE DI AVERE NELLA L'ORA FAMIGLIA UNA BELLISSIMA RAGAZZA È INTELIGENTA ERA UN GRANDO ONORE PER NOI TUTTI È ANCHE PER TUTTI I MIEI CARI GENITORI CHE ERANO CONTENTISSIMI È FELICE PER I STUDIO.

ROCCO TARANTINO

DONNA VIPERA VELENOSA

I GENITORI GENEROSSAMENTO DISSERO ALLA
L'ORO CARA FIGLIA CHE ALLA FINE DEL
STUDIO CE UN BELLISSIMO REGALO PER
FINE DEL TUO STUDIO DEL' UNIVERSITA E
PER IL DIPLOMO.

E LA FIGLIA DISSO SI PUO GIA SAPERE
A DESSO.
I GENITORI RISPOSERO NO. A DESSO NO.
E SE TI LO DICIAMO A DESSO NON È PIÙ
UNA VERA SOPRESA VERA CARA.

IL GIONO DOPO CERA AL' UNIVERSITA LA
CONSEGNA DEL VERO DIPLOMO SUDATO.
E QUANDO TORNO A CASA SUA.
CERA LA VERA SOPRESA DEI SUOI GENITORI.
E CERA UN GRANDISSIMO PACCO DAVANTO
ALLA CASA CON IL NASTRO ROSSO E UN
FIOCCO TRICOLORE E UNA BUSTA CON UN
FOGLIETTO SCRITTO.
CARA FIGLIA E TANTISSIMI AUGURONI
PER IL DIPLOMO.

CHE LO AI CO MOLTA TUA INTELIZENZA E
CON SUDORO E PAZIENZA E CON MOLTA
FORZA CHI AI MESSO PER TUTTI GLI ANNI
DEL DURO STUDIO AL' UNIVERSITA.

DONNA VIPERA VELENOSA

QUESTO E LA VERA SOPRESA CHE CE NEL PACCO CARA FIGLIA.

LA RAGAZZA FRESCA DIPLOMATO DEL UNIVERSITA CON MOLTA ACCORTEZZA È CON DELICATEZZA APRIVA IL GRADO PACCO CHE NON SI RONPEVO NIENTE.
È COSÌ DOPO DI TANTISSIMA PAZIENZA È SUDORO ALLA FINE.
CHE AVEVA FINITO DI SPACCOTARE TUTTO È USCI FUORO FINALMENTO LA BELLISSIMA VERA SOPRESA.

CHE CERA MESSA IN TUTTA QUELLA CARTACCIA. MA ERA UNA BELLISSIMA MACCHINA LA FIAT BARCHETTA ROSSA SCAPOTABILE.
CHE IO SEMBRE DA RAGAZZINA SOGNAVO È IO DIETO UN GRANDO STRILLO DISSO DOPO LA FIAT ARRIVERA ANCHE UNA FAMOSA ROSSA MASERATI.

È ABRACCIO FORTEMENTO I SUOI CARI GENITORI CON LE LACRIME DI MOLTA GIOIA NEGLI OCCHI DICENTO MILLE GRAZIE MILLE È BACI BACI A VOI CARISSIMI PER LA VOSTRA GRANDISSIMA GENEROSITA.

ROCCO TARANTINO

DONNA VIPERA VELENOSA

LA RAGAZZA FELICISSIMA CHE ERA È SUBITO A FARE UN GIRO DI PROVA PE IL BEL PAESO NATIVO.
È ANCHE ERA PER FARSE VEDERE DALLA GENTE DEL PAESO CHE ALLA FINE DEL LUNGISSIMO DURO STUDIO DEL'UNIVERSITA È GIA DIPLOMATO ERA RICEVUTO PER REGALO UNA BELLISSIMA MACCHINA ROSSA È SPORTIVA SCAPOTABILE PER L'ESTATE.

EI RAGAZZI LUNGO LA STRADA È IN PIAZZA GUARDAVANO TUTTI SPAVENTOSAMENTO È CON GLI OCCHI GRANDI COME UN TORO FEROCE CHE L'ORO NON AVEVANO AVUTO NIENTE DI UN REGALO COSI BELLISSIMO È COS GRANDO.

DOPO DI ALCUNI GIORNI DECISA LA RAGAZZA DI PARTIRE CON LA BELLISSIMA MACCHINA ROSSA È SCAPOTABILE PER IL MARE BLU È MONTI.
PER PASSARE ALCUNI BELLISSIMI GIORNI ALLA SPIAGGIA È ANCHE PER FARSE VEDERE CHE LEI ERA STATA MOLTO BRAVA.
AL'UNIVERSITA È ANCHE GIA DIPLOMATO.
È ERA ANCHE RICEVUTA UN BEL REGALO DAI SUOI CARI GENITORI. ALLA FINE DELLE VACANZE ESTIVE AVEVA ANCHE GIA IL

DONNA VIPERA VELENOSA

CONTRATTO PER IL LAVORO CHE A QUEI TEMPI FA NON ERA TANTO FACILE SPECIE NEL SUD EUROPA DI POSSEDERE UN TOSTO DI LAVORO FISSO ERA ANCHE FOTUNATO.

DIO MIO DIO È ADESSO LA VERA CONTINUA DISSO LA INGENUA RAGAZZA CHE ANCHE DOPO IL LUNGISSIMO DURO STUDIO DEL! UNIVESITA.
È DI ESSERE GIA TATO DIPLOMATO È LAUREATO DI POSSEDERE LA GRANDA FACOLTA È DI AVERE ANCHE IL CONTRATTO DI LAVORO. PRESSO UNA GRANDA ZIENDA SPARSE PER TUTTO LA NAZIONE.
È GRAZIE A DIO DI ESSERE ANCHE MOLTO FORTUNATA DI POTERE ANCHE FARE TANTE BELLE SPERIENZE NEL FUTURO.

CHE SERVERA ANCHE MOLTO PER TUTTO IL RESTO DELLA VERA VITA ETERNAMENTO.

ECCO IL PRIMO MIO GIORNO DI LAVORO ERA ANCHE IL DETTO PRIMO VERO SUDORO DEL LUNGO DURO LAVORO.
È ALLORA È VERO CHE DOPO L'INFANZIA È DA RAGAZZINA È SEI GIA SIGNORINA È IN ATEZZA DI ESSERE UNA VERA DONNA

ROCCO TARANTINO

DONNA VIPERA VELENOSA

DURA È CORAGIOSA. È COSÌ INIZIO ANCHE LA VERA LOTTA DA DONNA PER IL RESTO DELLA VERISSIMA SUA LUNGA VITA.

DI COMBATTERE PER IL BELLO È PER IL BRUTTO È CON LA MALE BUROGRAZIA È DI CORRERE VELOCE È CORRE SEMBRE ANCHE SE CI SARANNO I OSTACOLI NELLA LUNGA VIA.

È CONTINUARE SEMBRE È DI NON MAI ARRENDESI MAI.
IL PROVERBO RACONDA CHE LA LOTTA CONTINUERA SEMBRE NOTTE È GIORNI.
È QUESTA FA ANCHE PARTE DELLA VERA VITACCIA DELLA DONNA DI LOTTARE SEMBRE FORTEMENTO SIA NEL BENE È NEL MALE.
COSÌ È IL LAVORO IN UNA DELLE GRANDE CATENE CHE SONO SPARSE PER TUTTO I PAESI DELLA POVERA VECCHIA EUROTA.

DOPO DI AVERE LAVORATA PER MOLTI ANNI NELL'AZIENDA PER TANTISSIMI AL VENTO. DI PRODOTTI DEL GENERO NELLA MALA GRANDE CATENA MALA GESTITA.
È DI AVERE SGOBATA PER TANTISSIMI ANNI

DONNA VIPERA VELENOSA

DI TANTO LAVORACCIO È DI ORANIZARE PER
IL MEGLIO CHE ERA POSSIBILE PER LA ZIENDA.
È DI ESSERE ANCHE BENE VOLUTA DAL CAPO
DIRETTORE.
È DALLA INTERA BELLA SOCIETA È CON I
COLLEGI DI LAVORO È SI CERCAVA SEMBRE
DI FARE TUTTO PER IL MEGLIO POSSIBILE.
CERTO SIA PER ME STESSA È PER LA
GRANDE SOCIETA.
CHE ALLA FINE DEL'ANNO LA BILANCIA
ERA SEMBRE BRILANTE PER TUTTI I CAPI
È PER I DIRETTORI È GENERALI DELLA DITTA.

CHE ALLA FINE DEL'ANNO LA CONTABILITA
DOVEVA ESSERE SEMBRE MOLTO BENE PER
NON ANDARE CON LA BILANCIA IN DEFICITO.
CHE SE ACCADEVO PER ALCUNI ANNI ERA
ANCHE MOLTO PERICOLO PER LA MALISSIMA
BILANCIA.
CHE VENIVANO ANCHE QUASI TUTTI GLI
OPERAI LICENZIATI. È COSI SI CERCAVO
SEMBRE COME CAPO OPERAI DI ORGANZAREÈ
DI ANDARE SEMBRE CON TUTTI DA CORDO.
È SOPRA A TUTTO CON I CARI DIRETTORACCI
È ANCHE CON I OPERAI È SPECIALMENTO CON
I CARI CHLIENTI DI DARE IL MEGLIO CHE
ERANO TUTTI CONTENTI. CHE NON ANDAVANO

ROCCO TARANTINO

A RECLAMERE DAL DIRETTORE IN UFFICIO.
MA PURTROPPO AVENNE PER LA BRUTTA
CRISA GENERALE PER TUTTA L'ITALIA È
ANCHE PER QUASI IN TUTTA LA VECCHIA
POVERA EUROPA. ANTICHISSIMA MA VERA.

È CERTAMENTO È UNA CRISA VULUTA È
BENE ORGANIZATO DAL CAPITALISMO
INTERNAZIONALE MAFIOSO.
È ANCHE DELLA MALISSIMA GESTIONE VOLUTO
DEL'AZIENDA PER NON AVERE MODERNIZATO
IN TEMPO GIUSTO PER TUTTA LA PENISOLA.

È COSÌ ERANO PER LA BUONA PARTE I POVERI
OPERAI DA UN GIORNO AL'ALTRO ERANO
SENZA LAVORO È DISSOQUPATO COSÌ DETTO
IN MEZZO LA STRADA.
ERA ANCHE UN MOMENTO MOLTO DURO È ANCHE
TUTTE LE FAMIGLIE DEI OPERAI ERANO
DISPERATO. DI ESSERE SENZA MENSILE
ERANO ANCHE CON MOLTI PROBLEMI PER A
SOPRA A VIVERE PER LA CRISA GENERALE
NAZIONALE MONDIALE.
PUR TROPPO È STATO SEMBRE COSÌ È COSÌ
SARA IN QUESTO MONDO MALISSIMO VOLUTO
GESTITO DAL CATITALISMO GLOBALE.
È GIA SI SA CHE NELLA PENISOLA NON CÈ

DONNA VIPERA VELENOSA

TANTO LAVORO È SPECIALMENTO NEL SUD DEL STIVALE E MOLTO DIFFICILE DI TRUVARE UN LAVORO SUBITO.
È ANCHE AI TEMPI D'OGGI È COSI
CHE CIRCA DI DUEMILA ANNI DOPO CRISTO È ANCORA PUR TROPPO COSI. È PER ABITUDINE.

È ALLORA SI PENSAVO COSA FARE PER POTERE SORPRA A VIVERE DISSO LA SIGNORINA STUDENTESSA È GIA DIPLOMATO È LAUREATA DEL' UNIVERSITA.
PENSO DI FARE UNA BELLA RIUNIONE INSIEME A TUTTA LA SUA FAMIGLIA PER CONSIGLIARE CHE COSA SI POTEVO FARE PER IL LAVORO.
DI ANDARE A LAVORARE NEI PAESACCI DEL NORD. OPPURO AL' ESTERO FUORE NAZIONE.

OPPURO DI CERCARE A CREARE UN LAVORO PROPIO NEL NOSTRO PAESO ANCHE NATIVO DEL SUD BELLO MEDITERRANEO.
È CERTAMENTO CERANO ANCHE PROBLEMI DI SOLDI.
È ANCHE DISSARMONIA IN FAMIGLIA PER LA SIDUAZIONE DEL LAVORO. CHE SENZA ACCORDI IN FAMIGLIA È NON SI POTEVO

ROCCO TARANTINO

DONNA VIPERA VELENOSA

ASSOLUTAMENTO CON LA BANCA PER UN CREDITO È PER UN MUTUO BANCARIO PER POTERE OTTENERE UN CREDITO SI SA CHE NARALMENTO CI VUOLE UN GARANTO OPPURO UN CERTO POTERE DA DIMOSTRARE LA BANCA PER POTERE OTTENRE UN CREDITO È UN MUTUO.

COSÌ DOPO DI TANTISSIMO CONSIGLIE E DISCURSIONE E MOLTE MINACCIE IN FAMIGLIA DISSERO I GENITORI DI FARE UN GRANDO DEBITO COSÌ ALTISSIMO DEL GENERO NON POSSIAMO PROPIO PER NIENTE.

È RISPOSO ALLA SUA FAMIGLIA.
È SI VA BENE COSÌ. È NON FA ANCHE NIENTE PER ADESSO. È MILLE GRAZIE.
A LAMPO LI VENNO IN MENTA PENSANDO AL'EPOCA DEL BELLO TEMPO DEL'UNIVERSITÀ DURANDO IL SUO STUDIO.
CHE ANDAVA NELLE DISCOTECA A BALLARE È ALLA CACCIA DEI BELLI RAGAZZI.
PER FARE LA MORINA NELLE VILLE È IN MACCHINE È NEI HOTELLI.
È DI PRENSENTARE LA MODA NUOVA SULLE PASSARELLE. È ANCHE NEI STUDIO

DONNA VIPERA VELENOSA

DI BELLEZZA PER PRESENTARE I NUOVI PRODOTTI DEL' ANNO MA CERTAMENTO ERA ANCHE PER CONOSCHERE DEI MOMINI MOLTO RICCHI È RAGAZZI PER FARSERE ANCHE ARRIMORCHIARE PER VIVERE LA VERA BELLISSIMA DOLCE VITA MEDITERRANEA È AMORE FINTO ALLA FEMININA.
PER POTERE APPOGIARSE ALLA BELLA PARTE SICURA È SEMBRE CON LA BUONA SPERANZA CHE QUALCHE MOMO MATTO LA SPOSEREBE.

LA DONNA È COME UNA VIPERA VELONOSA.

CON IL SUO DOLCE SGUARDO È VELENO FINTO TI ADORMENTO È SUBITO PENSA SOLO AL LUSSO È FESTA MUSICA ALLA VECCHIA MANIERA DI CERCARE UN MOMO RICCO È BELLO CHE LA COPRA DI FIORI È CON DIAMANTI È DI AMORE FINTO.
È TUTTO ERA IL LUSSO CHE IO VOLEVO LA MACCHINA ROSSA SPORTIVA CHE IO SEMBRE SOGNAVA DA RAGAZZINA LA FAMOSA ROSSA MASARATI BELLA.
È SEMBRE IO PENSAVO CHE I SOGNI POSSONO ESSERI ANCHE VERISSIMI NELLA MIA VERA LUNGA VITA.
È PERCHE NON TENTARE SUBITO AL

ROCCO TARANTINO

DONNA VIPERA VELENOSA

AL DESTINO DELLA MIA LUNGA VITA.

DONNA VIPERA VELENOSA.

È SOLAMENTO UN AMORETTINO FINTO
È TRADITRICE PEL IL LUSSO FIORI È
DIAMANTI. MA NON PER IL VERISSIMO
AMORE INFINITO.
È SOLO PER METTESE ALLA PARTA
SICURA.
È DA SIGNORINA È SEMBRE MOLTO
INVIDIOSA DI VEDERE LE DONNACIA
RICCHE CON TANTE ABITI È SCARPE
DI MARCHE FIRMATE ELEGANTE È
LUSSUOSE È CON TANTI BRILLANTI A
DOSSO.

È PER INVIDIO È GELOSIA MI VENIVANO
I BRIVIDI È LACRIME NEI MIEI OCCHI
È CERTAMENTO PENSAVO SEMBRE
AL BELLO LUSSO.
UN BELLO GIORNO INCONTRO CASUALMENTO
PASSEGIANDO LUNGO IL CORSO VERSO
LA PIAZZA DEL PAESO NATIVO.
UN BELLISSIMO RAGAZZO CHE MI PIACEVO
MOLTO.
È IO LI FACEVO L'OCCHIOLINO CERTO ALLA

DONNA VIPERA VELENOSA

FEMINA MANIERA È UN DOLCEMENTO LUNGO SORRISO. È ANCHE LUI MI GUARDO TANTO MI GUARDAVO.
È IO PENSAVO CHE POTREBE ESSERE PROPIO L'UOMO CHE CERCO IO.
È COSÌ LA GENTE IN PIAZZA GUARDAVO CON GLI OCCHI GRANDE È CON LA BOCCA APERTA È GELOSI È INVIDIOSI.
PER TUTTO LE BELLISSIME COSE CHE IO AVEVO AVUTO DI REGALO DAL MIO UOMO SECRETO AMOROSO.

CHE IO GIÀ DA SIGNORINELLA AVEVO TENUTO SEMBRE DA TUTTA LA MIA FAMIGLIA NASCOSTO.
È ANCHE DALLE CARE AMICHETTE MIE È DAI VICINI DI CASA MIA E DALLA GENTE DEL PAESO NATIVO. È ALLORA CHE COSA FARE ADESSO.
PENSO CHE SARA IL MOMETO GIUSTO DI PRESENTARE IL SUO AMATO RAGAZZO AI SUOI CARI GENITORI È A TUTTA LA SUA FAMIGLIA. È AI AMICI. COME IL SUO FUTURO FITANZATO UFFICIALE.

DOPO DI ALCUNI MESI DECISERO CON IL AMOROSO DI FARE UNA BELLA RIUNIONE

DONNA VIPERA VELENOSA

CON LE DUE NOSTRE FAMIGLIE PER
CONSIGLIARE COSA SI POTEBE FARE PE LA
BRUTTA GRANDE GRISA PER IL LAVORO
NELLA PENISOLA CHE ATUALMENTO NON
CE PROPIO NIETE.
DISSERO I DUE RAGAZZI FRESCHI
FITANZATI DI ANDARE A LAVORARE
AL' ESTERO HO DI CERCARE DI CREARE
UN LAVORO PROPIO NEL PAESO NATIVO
PER NOI DUE.

CERTAMENTO CHE CERANO ANCHE GRANDI
PROBLEMI DI SOLDI È ANCHE DISSARMONIA
TRA LE DUE NOSTE FAMIGLIE.
CHE LA FAMIGLIA DEL RAGAZZO NON
VOLEVANO ASSOLUTAMENTO PER IL VERO
FIDANZAMENTO IN FAMIGLIA CON QUELLA
RAGAZZA UFFICIALMENTO.
IL MOTIVO ERA PER UN VECCHIO ANTICO
PROBLEMO DI FAMIGLIA. È COSI PUR
TROPPO LE COSE SI FECERO MOLTO PIÙ
DIFFICILE PER NOI DUE RAGAZZI.

PER OTTENE UN BUONO ACCORDO PER
POTERE RISOLVERE LA GRAVA SITUAZIONE
DEL LAVORO. CHE SENZA ACCORDO TRA LE
DUE NOSTRE FAMIGLIA NON SI POTEVO

CONTRATTARE CON LA BANCA PER IL CREDITO. CERTAMENTO SI SA CHE PER OTTENERE UN CREDITO CI VUOLE SEMPRE UN GARANTO OPPURAMENTO UN CERTO POTERE DIMOSTRARE ALLA BANCA PER AVERE IL CREDITO.

DOPO DI TANTE DISCURSIONE È TEATRALE NELLA RIUNIONE È CONSIGLIE I DUE RAGAZZI AL'INPROVISO DECISERO.

DI ANUNCIARE OFFICIALMENTO IL L'ORO FIDANZAMENTO ANCHE CHE I LORO CARI GENITORI NON ERANO ASSOLUTAMENTO D'ACCORDO PER IL VECCHIO MOTIVO DI FAMIGLIA.

CE IL PROVERBIO CHE DICE. SE DUE SI VOGLIONO È SI AMANO. CENTO PERSONE NON POSSONO INPEDIRE UN MATRIMONIO. È COSÌ FU FATTO IL VERO FITANZAMENTO IN SANTA PACE.

È COSÌ IN FAMIGLIA È ANCHE TUTTI I PARENTI DISSERO. FELICE L'ORO È CONTENTI. È COSÌ SONO ANCHE TUTTE LE ALTRE PERSONE DACCORDO.

SE IL DESTINO E COSÌ ANCHE DESTINATO DA DIO È FELICITA PER BELLA COPPIA.

DONNA VIPERA VELENOSA

È male contenta era la famiglia del ragazzo. È per non mettere i loro caro figlio per tutta la sua vita. Dei problemi mali è di non creare una via infelice in famiglia.

Subito dopo il fidanzanzamento si cerco di fare un accordo per il meglio che era possibile con la banca per il credito.
È cosi finalmento dopo di tanto si potevo anche a iniziare a lavorare. Con il grando capannone è anche per il piazzale grando.
Che era molto necessario per caso di molta richiesta di mercia che si potevo anche ordinare di più mercia.
In fabrica anche per potere a contentare a tutta la bella chlientela è per lavorare anche meglio.

All'inizio non cerano anche altre possibilita per i chlienti di potere andare a combrare nei altri mercatone che erano più lontono per andare a combrare la mercia che li servivano.

È COSÌ ERA GIORNI PER GIORNI GRAZIE AL
SANTO DIO GRANDO. CHE SI POTEVA ANCHE
SMERCIARE TANTISSIMA MERCIA.

DOPO CHE SI ERANO CALMATO LE ONDE
DELLE ACQUE TORRENZIALE.
SI CERCO DI CONSIGLIARE CON LA FAMIGLIA
CIOE CON LA SUA FAMIGLIA DEL RAGAZZO
CHE ARAVAMO FITANZATO GIA DI TANTO
TEMPO FA.

CERTAMENTO CHE DOPO DI TANTO LAVORO
ERA LA ZIENTA CRESCIUTA MOLTO ERA
ANCHE ARRIVATO IL TEMTO DI INGRANDIRE
LA ZIENDA E ANCHE DI METTERE UN
PAIO DI BRAVI OPERAI ADATTI. E DI
COMBRARE ANCHE ALTRI MEZZI CHE
ERANO ANCHE MOLTO UTILE PER
POTERE ALLA BELLA CHLIENTELA DI PIÙ
POSSIBILITA È COMODITA DI POTERE
ORDINARE LA MERCIA SIA PER FAX
È PER TELEFONO.

E FINAMENTO ERANO ANCHE TUTTI
D'ACCORDO IN TUTTA LA FAMIGLIA PER
I NUOVI MEZZI CHE SERVIVONO È
ERANO MOLTISSIMI UTILE PER POTERE

DONNA VIPERA VELENOSA

SERVIRE MEGLIO I CHLIENTI CHE ERANO MOLTO CHE VENIVANO A COMBRARE DA NOI LA BUONA MERCIA.
CHE AVEVANO GIA ORDINATO PER TELEFONO È PER TELEFAX FINALMENTO ERANO ANCHE ANCHE TUTTI CONTENTISSIMI I FAMIGLIA DEL BELLISSIMO LAVORO È CHE LA ZIENDA ESPANDEVA GIORNI PER GIORNI ALLA GRANDE.

È PER TUTTA LA FAMIGLIA ERA MOLTO BELLO A VEDERE COME ALLA GRANDE LA ZIENDA IN GRANDIVA ERANO ANCHE TUTTI CONTENTISSIMI È FELICE.

UN BELLISSIMO GIORNO I DUE RAGAZZI FITANZATI DECISERO DI PARLARE DI NUOVO CON I L'ORO DUE GENITORI DI POTERE ANNUCIARE IL MATRIMONIO A MUNOCIPIO È ANCHE ALLA CHIESA UFFICIALMENTO È COME ANCHE A TUTTI I CARI PARENTI È AMICI DEL PAESO.
COSI OBIALMENTO CI FU DI NUOVAMENTO UN GRANDISSIMO TEATRO E VARIETA È GRANDI PROBLEMI I FAMIGLIA CHE L'ORO NON VOLEVANO ASSOLUTAMENTO CHE SI SPOSAVANO.

DONNA VIPERA VELENOSA

I GENITORI DEL RAGAZZO PENSAVANO
CHE ERA SOLAMENTO A PASSA TEMPO È
PER FARE SOLO ESPERIENZA NELLA VITA.
SI PENSAVO CHE CON IL TEMPO SI
LASCIAVANO È NON SI PENSAVO MAI È POI
MAI A UN SPOSALIZIO È A UN MATRIMONIO
DEL GENERO.

PUR TROPPO ANCHE CON TANTISSIMI GRIDI
È MALE MINACCIE È CON TANTO DISCODIO
IN TUTTO LA FAMIGLIA È NON CI NIENTE
DA FARE PER SCONVICERLO CHE LA SUA
RAGAZZA NON ERA L'UOMO GIUSTO PER
LEI CHE ERA UNA RAGAZZINA.
CHE ERA UN RAGAZZO MALISSIMO
ABITUATO È GENRALMENTO AI SPETACOLI
È VARIETA È BALLERINE DI TEATRO
NELLE DISCOTECE NOTTURNE CON LE
BELLEZZE E DONNINE.

MA SEMBRE PER NON CREARE PROBEMI IN
FAMIGLIA. NEL FUTURO PER IL SUO VERO
COMPORTAMENTO DEL PASSATO CON LE
BELLE ALTRE DONNINE.
MA PUR TROPPO NON CI FU NIENTE
PIÙ DA FARE PER POTERE CONVINCERE
LA RAGAZZA MIA FIGLIA.

ROCCO TARANTINO

DI NON SPOSARE ASSOLUTAMENTO IL MALO ABITUATO RAGAZZO ATUALMENTO FITANZATO E MEGLIO DI PENSARE DI PIÙ ALLA ZIENTA CHE PER IL MOMENTO LA ZIENDA HA ANCORA E CE MOLTO DA FARE PER IL FUTURO E ANCHE DI METTERE MOLTE COSE PER I CHLIENTI IN ORDINE PER IL FUTURO.

CARA FIGLIA E POIO PUOI FENSARE A UN MATRIMONI DEL GENERO E ANCHE DI POTERE CREARE UNA BELLA VERA FAMIGLIA. È ANCHE TUTTA LA FAMIGLIA STRETTA LA PENSAVANO COSI. È COME I AMICI È ALTRI COMMERCIALISTI È LA CENTE DEL PAESO NATIVO.
RIPETERE CHE IL PROVERBIO DICE CHE QUANDO DUE SI VOGLIONO CENTO PERSONE NON POSSONO FARE NIENTE. A INPEDIRE IL MATRIMONIO VOLUTO.

E I DUE RAGAZZI FIDANZATI DISSERO NON FA NIENTE SE NOI CI AMIAMO E CI VOGLIAMO CI SPOREMO ANCHE SENZA DI TUTTO L'ORO.
COSI UN BELLISSIMO GIORNO SI DECISERO DI ANDARE AL COMUNO DEL PAESO

NATIVO AL COMUNO PER ANNUNCIARE
IL MATRIMONIO UFFICIALMENTO È DI
ANUNCIARE ANCHE SULLA GAZZETTA.
È DI CHIEDERE ANCHE TUTTI I DICOMENTI
CHE SERVIVANO PER IL MATRIMONIO.

È FISSARONO LA DATA PER IL GIORNO
DEL SPOSALIZIO. È PER PRENOTARE
ANCHE IL RISTORANTE GRANDO CHE
OCCOREVO PER TANTISSIMI GIÀ STATI
INVITATI.
CHE ERA QUASO IL PAESE INTERO PRESENTO
IL GIORNO DEL MATRIMONIO.
NEL SUD'ITALIA È ANCHE PER ONORE È
PER RISTETTO È PER USANZA TRADIZIONE
ANTICA È PER IL GRADO AMORE.
ERANO TUTTI PRESENTI PER DARE I
AUGURI DONORE AI FRESCI SPOSI E COSI.
FU UNA GRANDISSIMA FESTA.

CON TELECAMERA È CONCERTO AL VIVO
MUSICA FINO ALLA MATTINATA SI BALLAVO
SI CANTAVA È SI RIDEVA.
IL BANGETTO CERTAMENTO ERA
GRANDISSIMO CON TANTA BONTA DI B.
ROBBA DA MANGIARE È BERE. CHE NON SI
POTEVO ASSOLUTAMENTO NE ANCHE SE SI

DONNA VIPERA VELENOSA

ERA STATO PER TRE GIORNI PRIMO SENZA MANGIARE. CIOE DIGIUNO.

REPLICO NATURALMENTO CON LA APPUNTAMENTO AL MATTINO ERA PER TUTTI INFITATI DI ANDARE A PRENDERE LA BELLA SPOSA ALLA CASA È UNA USANZA ANTICA È ANCHE DEL PAESO È ANCHE PER ONORARE I SUOI CARI GENITORI È LA SUA FAMIGLIA È CON LA SPOSA SI PARTEVO DALLA SUA CASA PER LA CHIESA È SI DAVANO I AUGURI È TANTISSIMA FELICITA È BACI BACI È FIGLIO MACCHIO.

DOPO GRANDE APLAUSI DELLA CERIMONIA SI USCIVO PIANO PIANO DALLA CHIESA PER RIUNIRSE PER PARTIRE TUTTI ISIEMO ERA ANCHE PER FARE IL LUNGISSIMO CORSO DI MACCHINE È PER FARE ANCHE SCULLARE LE TROMBE DI TUTTE LE MACCHINE PER FARE SENTIRE A TUTTA LA GENTE CHE ERA GRANDE FESTA PER IL SPOSALIZIO ERA ANCHE UNA USANZA DEL PAESO È PER FARE FESTA È ALLEGRIA È DI AVISARE CHE QUELLO GIORNO CERA UNA NUOVA COPPIA NUOVA È UNA FAMIGLIA NEL PAESO NATIVO. È ALLEGRIA

DONNA VIPERA VELENOSA

MA CERTAMENTO IL STOMAGO ERA VUOTO
E CERA ANCHE SETE CHE CERA UN GRANDO
CALDO QUELLO GIORNO E SI SUDAVO
TANTO SPECIE IN MACCHINA.
E PER QUESTO SI CERCAVO DI ARRIVARE
IL PIÙ PRESTO POSSIBILE.
CHE SI ERA ARRIVATO ANCHE A UNA ORA
TARDA ERAVAMO ANCHE TUTTI QUASI
STANGI PER LA LUNGA CEREMONIA
FINALMENTO SIAMO AL RISTORANTE E
TUTTI SUBITO A SEDERE CON LA
SPERANZA.

CHE I SPOSI APRESSERO IL BANCHETTO
IL PIÙ PRESTO POSSIBILE CHE TUTTI
AVEVANO TANTA SETE E FAME.
COSI DOPO DI ALCUNI MINUTI FINALMENTO
CHE AVEVAMO PRESO GIA POSTO I SPOSI
ANNUCIARONO IL BENVENUTO A TUTTI
I PRESENTI AL SPOSALIZIO E MILLE
GRAZIE A TUTTI PER LA GRANDE
PARTIPAZIONE.

E ORA UN GRANDISSIMO APLAUSO E
ALLEGRIA GIOIA E FELICITA A TUTTI
E IL BANCHETTO E GIA APERTO PER
TUTTI E BUONO APPETITO E SALUTE

ROCCO TARANTINO

DONNA VIPERA VELENOSA

CON IL BRINDISO DEL FAMOSO PROSECCO.
È VIVA CON LA BELLA MUSICA MAESTRO
CON LA SUA MUSICA AL VIVO.
ERANO TUTTI CONTENTISSIMI PER
DESSEDARSE È SFAMARSI.
È DOPO ANCHE PER POTERE RACCONTARE
DELLE BELLE FAVOLE È BAZZELLETTE
ANTICHE È ANCHE DELLE MODERNE.

ALLEGRIA TANTO SI FA SEMBRE PER
ALLEGRIA È PER ABITUDINE È PER PASSARE
IL BEL TEMPO CON LA GENTE È PARENTI
È AMICI DELLA BELLA VECCHIA CONPAGNIA
ERA ANCHE UNA BUONA OCCASIONE DI
SALUTARE È PARLARE DEL BELLO
PASSATO È TANTE ALTRE COSE DELLA
VITA PASSATO.

GIA SI SA CHE NEI TEMPI DI OGGI
LA MAGIORANZA DEI PARENTI È AMICI
CONOSCENTI DEL PAESO NATIVO SONO
LONTANO OPPURO AL'ESTERO PER
MOTIVO DI LAVORO NEL MONDO.
PUR TROPPO È UN DESTINO. È COSI
E LA VITA NOSTRA IN QUESTO PIANETO
È PURO BELLISSIMO È BLU.
BELLISSIMO È. DI CONOSCERE LA GENTE

DONNA VIPERA VELENOSA

DELLA L'ORA BELLA COLTURA È FAUNA
È FIORI DEI ALTRI PAESI DEL MONDO
CHE NOI VIVIAMO.

COSÌ DOPO DI AVERE MANGIATO È BEVUTO
TANTISSIMO SI ERA ANCHE ARRIVATO DI
ALZARE DALLA TAVOLA PER FARE LE FOTO
CON TUTTI CHE ERANO PRESENTO PER
RICORDO È PER POTERLE GUARDARE
IN TANTO IN TANTO LE FOTO È IL
FILMINO AI PARENTI È AI AMICI CHE
NON ERANO PRESENTO A QUELLO
GIORNO DEL MATRIMONIO. È NEL'AVENIRE
ANCHE AI FIGLI È NIPOTI NE FUTURO.

COSÌ DOPO LE BELLE FOTO È FILMINO
DI NUOVO TUTTI A TAVOLA PER LA
FAMOSA GRANDISSA TORTA DI SETTE
PIANI È TANTI ALTRI DOLCETTI È TANTO
FAMOSO PROSECCO PER BRINDARE È
SALUTARE È TANTISSIMI AUGURI A
TUTTI.
CERTAMENTO NON POTEVO ASSOLUTO
IL BUON CAFÈ. CHE IN ITALIA È
UN DOVERE DEL BUON CAFÈ DOPO
IL PRANZO.
CE UN BEL PROVERBIO CHE SI DICE

ROCCO TARANTINO

DONNA VIPERA VELENOSA

IL BUON CAFÉ SI BEVE SOLO AL BAR. IL CAFÉ È UN PIACERE E SE NON È UN PIACERE CHE COSA È.

TUTTO DI DOPO QUESTE TANTE BELLE COSE. È VIA CON LA BELLA MUSICA AL VIVO PER BALLARE.

SI APRE IL PRIMO BALLO E PER LA USANZA È DEDICATO SOLO AI FRESCI SPOSI CON UN GRANDISSIMO APLAUSO E CON ALTA VOCE DICENTO BACI E BACI E VIVA I SPOSI E DOPO SI ANUNCIO IL BALLO È APERTO PER TUTTI.
È VIA TUTTI IN SALA A BALLARE È DIVERTIMENTO CHE ERA ANCHE BUONO PER POTERE ANCHE DIGERIRE TUTTO QUELLO MANGIARE BEVANTE E DOLCINI.

PER TANTI INVITATI ERA ANCHE UNA BUONA OCCASIONE PER BALLARE PER FARE ANCHE CONOSCENZA CON TANTE PERSONE PER I APPUNTAMENTI CON CON I AMICI E CON AMICHE DI SCAMBIARE I NUMERI DI TELEFONI PER FARE CONOSCENZA. CHE PER MOTIVO DI LAVORO E PER STUDIARE ERANO

MOLTO LONTANO PER MOTIVO DI
LA A FARE SPERINZA PERSONALE
AL'ESTERO NEI PICCOLI PAESI.
E COSI CI SONO PICCOLE POSSIBILITA
DI INCONTRARSI CON LE ALTRE
PERSONE PER FARE ANCHE CONOSCENZA.

DOPO DI TANTO BELLISSIMO
DIVERTIMTO CON TANTA GIOIA E
FELICE DELLA BELLISSIMA SERATA
LUNGA. SI ERA ARRIVATO ANCHE
A UNA TADISSIMA ORA MA ERAVAMO
STANCHI.

MA CERA ANCORA UNA SOPRESA
BELLA DA SERVIRE. A TAVOLA.
CHE NON POTEVO ASSOLUTAMENO
MANGARE NATURALMENTO ERA LA GRANDE
SPAGHETTATA A AGLIO E UOGLIO CON
PEPARUOLE FURTE. CHE È SEMPRE
PER LA USANZA E TRADIZIONE ANTICA
PAESANA E VERA MEDITERRANEO.

CERTAMENTO CHE TUTTI ASPETAVANO
ALLA FINE DELLA CERIMONIA E DELLA
BELLA FESTA.
E ACHE SE LA PANCIA ERA ANCORA

PIENA. MA SI ASPTTA SEMBRE ANCHE PER CHIUDERE LA BELLA FESTA. DEL SPOSALIZIO PER SALUTARE ANCHE TUTTI I RIMANENTI DEL MATRIMONIO.
È DI NUOVO ARRIVEDERCI BACI E BACI CIAO CIAO È FIGLIO MASCI È BELLISSIMO VIAGGIO DI NOZZE.

È BUON DIVERTIMENTO È FELICITA.

ERANO ANCHE GIA LE TRE DEL MATTINO QUANDO PARTIRO PER IL VIAGGIO DI NOZZE CON LA MACCHINA È TANTI BARATTOLI A PESO DIETRO LA L'ORA MACCHINA.
TUTTI APLAUDEVANO FOTEMENTO È SORRIDEVANO DICEVANO TUTTI BUON RITORNO. DOPO TUTTO DI QUELLO BELLO DIVERTIMENTO È TANTO SONNO PERSO È MOLTO STANGO.

MA CERTAMENTO SI DOVEVO ANCHE ANDARE A LAVORARE PER DORMIRE È PER RIPOSARE. NON CERA PIÙ TANTO TEMPO.
È ALLORA STANCO NON STANGO SI DOVEVA FARE LA PRESENZA SUL

DONNA VIPERA VELENOSA

DURO LAVORO PER NON AVERE PROBLEMI CON LA VECCHI DITTA.
IL TEMPO NELLE VACANZE PASSA VELOCE QUATRO SETTIMANE DOPO RITORNARONO I FELICI FRESCI SPOSI DAL VIAGGIO DI NOZZE È TUTTI CONTENTI È FELICE DEL VIAGGIO DI NOZZE PER IL VERO BELLISSIMO TEMPO CHE ERANO PASSATO.

TUTTI CURIOSAMENTO ASPETAVANO DELLA SOPRESA IN CINTA NON INCINTA.
È I FRESCI SPOSI RISPONDEVANO NON SI SA ANCORA. DOBIAMO ANCORA ANDARE DAL DOTTORE PER I ANALISI.
LE ANALISE ERANO BUONISSIME PER L'ORO È PER TUTTI IN FAMIGLIA.
ERANO CONTENTI È FELICE COME ANCHE I SUOI GENITORI.
PER LA BELLA SOPRESA DESIDERATA.

DOPO DI NOVE MESI NAQUE UNA BELLISSIMA BAMBINA SANA DI SALUTE.
TUTTI CONTENTI È FELICITA ALLEGRIA TANTA IN FAMIGLIA.

CHIESO IL PADRE. COME LA VEDI LA TUA VITA DA RAGAZZA.

ROCCO TARANTINO

È ADESSO DA DONNA ADULTA È
ANCHE DI ESSERE MAMA.
È DEVI PENSARE ANCHE ALLA TUA
ZIENDA CHE DEVE FUNZIONARE
BENE È DI ACCONTENTARE I TUOI
BELLI CHLIENTI.
MA ANCHE ADESSO CHE SIETE GIA
TRE PERSONE IN FAMIGLIA.
È NON PIÙ COME PRIMO DI SPOSARVE
ALLORA IL PROVEBIO RACONDA.

LA VERA LOTTA CONTINUA PIÙ
FORTE DI PRIMO È DI NON ARRENDERSI
MAI È MAI PER TUTTA LA TUA VITA.
CERA ANCHE MOLTA GIOIA IN FAMIGLIA
PER LA ZIENTA CHE ANDAVO MOLTO
BENE È CRESCEVA SENBRE PER ANNI
CHE INGRANDIVA SEMBRE.

SEMBRE SI DOVEVO ALZARE ALLA
MATTINA PRESTISSIMO A LAVORARE
FINO A FINO ALLA SERA TARDA È A
VOLTE PER FINO ALLE ORE VENTIDUE.
ERANO QUASO SEMBRE MEZZANOTTE
QUANDO SI ANDAVO A LETTO.
ERA SEMBRE TUTTO PER LA ZIENDA
È PER I CHLIENTI SI CERCAVO DI

DONNA VIPERA VELENOSA

ACCOTENTARE PER IL MEGLIO CHE ERA POSSIBILE.
ERA ANCHE ARRIVATO IL TEMTO DI FARE IL BATTESIMO DELLA BAMBINA CHE ERA DI POCO SETTIMANE NATA È PER RISPETTARE LE ANTICHE MALE REGOLE DELLA CHIESA
È DI NUOVO A FESIGIARE SEMBRE FESTA ANCHE PER ANTICA USANZA PAESANA. È SPECIE NEL SUD' ITALIA È LA VITA VERA DEL MEDITERRANEO DI INVITARE I PARENTI E I AMICI È VICINI DI CASA.
SI PENSA SEMBRE ALLA GRANDE A MANGIARE È BERE CERTAMENTO ANCHE A BALLARE CON LA BELLA MUSICA AL VIVO.
ALLEGRIA È FELICITA. È SI ANCHE QUESTO FA PARTE DELLA VERA DOLCE VITA.
SU QUESTO PIANETO BLÙ È PURO BELLISSI DA RISPETTARE È PROTEGERE.

ALLA SEQUENTA MATTINA.
SI ERA MOLTO STANGO DELLA FESTA DEL GIORNO ANTI PRIMO.
È I CHLIENTI ALLE ORE SEI DI MATTINA

ROCCO TARANTINO

DONNA VIPERA VELENOSA

ERANO GIA DAVANTO AL MAGAZINO PER CONBRARE LA MERCIA CHE LI SEVIVANO.
MA STANGO È NON STANGO CORAGIO È SEMBRE CON ALLEGRIA DI APRIRE SUBITO IL MAGAZINO PER SERVIRE I CHLIENTI È SUBITO A TUTTI È SCUSATE PER IL RITARDO PER L'APERTURA DEL NEGOZIO.
CHE AIERO ABBIAMO FESTIGIATO IL BATTESIMO DELLA MIA BABINA CICCOLA FIGLIA. È STATO UNA BELLA FESTA SI È STATA UNA BELLISSIMO FESTA.

RISPOSA LA PROPIETARIA DE MAZINONE TUTTI I CHLIENTI DISSERO NON FA PROPIO NIENTE. SU QUESTO NO CE DA DISCUSARE PER NIENTE.
SONO COSE CHE FANNO PARTE DELLA NOSTRA VERA VITA. TANTI AUGURI TANTI AUGURI È SALUTE PER LA BAMBINA È VOI TUTTI IN FAMIGLIA.

PER IL PROSSIMO FIGLIO CI VUOLE UN BEL MASCIETTO CHE VI SERVIRA PER PORTARE LA ZIENTA AVANTO NEL FUTURO PENSACI CAPORALA.

GRAZIE MILLE BUONA GIORNATA È
BUON LAVORO A TUTTI CARISSIMI.
È COSÌ DOPO DI QUESTA PICCOLA BELLA
CHIACHIERATA CHE FA ANCHE PARTE
DELLA VITA.

CERTAMENTO SI CONTINUO A LAVORARE
GIORNI È NOTTE CERTAMENTO SEMBRE
PE LA ZIENTA. ERANO MOLTO CONTENTI
IN FAMIGLIA CHE ANDAVO IL COMMERCIO
TUTTO BENISSIMO.

UN ANNO DOPO ANDO DAL DOTTORE
DI CASA PER UNA VISITA È ANCHE
PER I ANALISI È IL DOTTORE CHIESO
ALLA PAZIENTE.
COME SI SENTEI LEI SIGNORA LA
PAZIENTA DISSO BENE PER CHE DOTTORE.
NIENTE SOLAMENTO, PER COROSITA SOLO.
LE ANALISI SONO PRONTO COME SEMBRE
IN TRE GIORNI SIGNORA.
PUO VENIRE A PRENDERE I SUOI
RISULTATI. VA BENE COSÌ DOTTORE.

TRE GIORNI DOPO DAL DOTTORE.
PER LA SALUTA SONO I ANALISI SONO
BENE. DISSO IL DOTTORE.

DONNA VIPERA VELENOSA

MA CE UNA SOPRESA SIGNORA.
CHE COSA È DISSO LA PAZINTA È SI
SEI DINUOVO IN ATTESA. È GIA
IL SECONDO BAMBINO CHE AVRAI
SIGNORA.
LA PAZIENTA DISSO CHE BELLA
COSA È SONO CONTENTISSIMA PER
QUESTA BELLISSIMA SOPRESA.

È SARA ANCHE MOLTO CONTENTO
ANCHE IL MIO MARITINO. È GRAZIE
MILLE CARO DOTTORE È BUONA
GIORNATA.
TORNO VELOCEMENTO A CASA CON
LA SUA MACCHINA SPORTIVA.
È DISSO AL SUO MARITINO. SAI CARO
SEI PER LA SECONDA VOLTA PADRE.

È ANCHE BUONO DI AVERE UNA
COPPIA DI BAMBINI PER NOI.
VA BENE COSI. È ALLORA METTIDI
CON LA TUA MALA TESTACCIA DA
OGGIO A POSTO È CON ANCHE
DI AVERE DI PIÙ PENSIERO CHE
I POCHISSIMI MESI SIAMO GIA IN
QUATRO PERSONE. È CI VUOLE
ANCHE DI PIÙ GRANDE RISPOSABILITA.

DONNA VIPERA VELENOSA

SA CHE TU NON CI LAI AVUTO MAI CARA È CERCHI DI LAVORARE DI PIÙ PER OTTENERE DI PIÙ CHLIENTI PER INCASARE MOLTO AL GIORNO.

È CARA MIA DOBBIAMO ANCHE IN GRANDIREREMO LA NOSTRA CASA CHE CI SERVE DI PIÙ POSTO PER TUTTI NO. È ANCHE I NOSTRI GENTORI DISSERO VEDETI DI INIZIARE IL PRESTO POSSIBILE A COSTRUIRE CHE VI SERVE PIÙ SPAZIO PER LA FAMIGLIA CHE CRESCE.

SI CARO PADRE. SI INIZIO SUBITO NELLA ZONA A FARE PIÙ PUBLICITA. È A FARE ANCHE PASSA VOCE A TRAVERSE I PARENTI È CON I AMICI CHE CERANO ALMENO PIÙ SPERANZE CHE DOPO DI UN PO DI TEMPO CERA UN CERTO AUMENTO DELLA CHLIENTELA È TUTTI CONTENTI CHE PER LA BELLA PUBLICITA CHE SI ERA RIUSCITO A VENDERE DI PIÙ MERCIA GRAZIO A DIO.
IL LAVORO ANDAVO BENE SI CERCAVO DI SERVIRE SEMBRE I CHLIENTI.

ROCCO TARANTINO

SONO SEMBRE CONTENTI. CI VUOLE ANCHE
UN PAIO DI OPERA ADATTE È BRAVI
PER POTERE LAVORARE BENE.
È LASCIANO I CHLIENTI CONTENTISSIMI.
È CERTO CHE DOPO DI NOVE MESI
NAQUE IL BAMBINO DESITERATO
ERA ANCHE UN BELLO MASCIETTO.

PER IL FUTURO POSSIBILMENTO ERA
ANCHE UN BUONO AIUTO PER LA ZIENTA
PENSO SUBITO.
AL PROVERBIO ANTICO PADRE È PATRONE
LA ZIENTA ESPANDEVO GIORORNALMENTO
È GRAZIE ALLA BELLA PURLICITA GIA
STATO FATTO.
ANCHE PER LA BELLA GENTILEZZA È
PER LA GRANDE GENEROSITA VERSO
LA BELLA CHLIENTELA. È TUTTO
PRESEQUIVA BENE È BELLO.

ERA ANCHE ARRIVATO IL BATTESIMO
CHE SAREBBO IL SECONDO FIGLIO
L'ORO ERA ANCHE IL SECONDO BELLO
BATTESIMO.
SI BISOGNAVO FARE ANCHE COME IL
PRIMO BATTESIMO. DISSO LA MAMMA
DI INVITARE TUTTI I PARENTI È AMICI

DONNA VIPERA VELENOSA

VICINI DICA ERA PER USANZA È PER RISPETTO TRADIZIONALE COSÌ FÙ COME IL SOLIDO PER PRIMO TUTTI ALLA CHIESA È DOPO LA CERIMONIA DELLA CHIESA TUTTI AL RISTORANTE A BERE E MANGIARE ALLA GRANDE È CON LA MUSICA CERTO AL VIVO CON FILMINO È FOTO PER IL RICORDO È ANCHE PER USANZA DEL PAESO FÙ UN BELLISSIMO BATTESIMO PER TUTTI.

FÙ ANCHE UN GRANDISSIMO BELLO DIVERTIMENTO A BALLARE È COSÌ FINÌ LA BELLA FESTA PER TUTTI È DOMANI.
DI NUOVO COME IL SOLIDO. STANGO CHE SI ARA. MA SI DOVEVO FARE LA PRESENZA SUL CARO AMATO LAVORO ANCHE SE CERA POCA VOLONTA È ANCHE POCA FORZA.

I CHLIENTI ERANO GIÀ COME SEMBRE DAVANTO AL NEGOZIO PER LA L'ORA SPESA CHE LI SERVIVA TUTTI I SANTI GIORNI.
È COSÌ È LA VERA VITA ANCHE MODERNISSIMA DI QUESTI TEMPI

ROCCO TARANTINO

DONNA VIPERA VELENOSA

DI OGGI. È CI VUOLE UNA BELLA SANTA PAZIENZA. PER IL COMMERCIO. PER POTERE ANDARE AVANTO È A ACCONTENTARE A TUTTI I BELLI CHLIENTI È DIRE SEMBRE A TUTTI CON LA TESTA INGINATA SALVE È BUONGIORNO COME SI VA CARI CON TANTISSIMA GENTILEZZA È CON IL SORRISO SULLE BELLE LABRE.

OCCHIO DI LEGNO ATEZIONE È SOPA A TUTTO DI NON DIMENTICARE MAI È MAI NIENTE SEMBRE CON MOLTO CORAGGIO.
GIORNI PER GIORNI CHE LA LOTTA CONTINUA PER TUTTA LA CARA TUA FAMGLIA. È SENZA PROBLEMI I CASA È QUELLO CHE SI SPERA SEMBRE.

IL NEGOZIO PER FORTUNA ANDAVO MOLTO BENE. È I CHLIENTI ERANO ANCHE TUTTI CONTENTI PER IL BUONO PRONTO SERVIZIO DEL NEGOZIO.

IN CASA ERANO QUELLO CHE SEMBRE SI CERCAVO.
LA BOSSA. È DI NON AVERE MAI È MAI PROBLEMI CON I OPERA È ANCHE CON

57

CON I CARI CHLIENTI È ANCHE CON LA
FABRICA. PER LA BUONA MERCIA È DI
ESSERE SUFICIENTE I MAGAZINO PIENO
PER POTERE SEMBRE SERVIRE A TUTTI
I CHLIENTI.
È COSI SEMBRE OCCHIO AL MAGAZINO
DI CONTROLLARE SEMBRE LA MERCIA
AL MAGAZINO PER ORDINARE IN TEMPO.
LA MERCIA. È COSI ERANO TUTTI I
SANTISSIMI GIORNI È ANCHE FINE ALLE
ORE VENTITRE CIRCA NEL NEGOZIO.

CERTO SI ERA STANGO È A CIRCA A
MEZZA NOTTE SI ANDAVO A LETTO.
PER ALMENO ANCHE SE ERANO POCHE
ORE. PER POTERE DORMIRE ABASTANZA.

IL PROVERBIO ANTICO RACONDA.
CHE IL LETTO È COME UNA ROSA
SE NON DORMI.
MA SI RIPOSA DOLCEMENTO.
È COSI ERNO QUASI TUTTI I SANTI
GIORNI. È IN GRAZIE DI DIO SI FA
SEMBE PER DOVERE QUODITIANAMENTO
PER LA CARA FAMIGLIA. È PERSONALE.
È TUTTO BELLO CONONTENTO È FELICE
SONO SEMBRE COSE ELEMENTARE NELLA

DONNA VIPERA VELENOSA

VITA. È SI CONTINUA SEMBRE COME IL SOLIDO. OCCHIO DI LEGNO ALLA ZIENTA È SU I OPERAI È SPECIALMENTO SUI CHLIENTI. CHE SIANO TUTTI CONTENTI È ANCHE DI ESSERE BENE SERVITI.

UN BEL GIORNO DISSO LA BOSSA VIPERA VELENOSA SAI CARO AMORE I BAMBINI È NECESSARIO DI FARE LE VACCINAZIONE È ANCHE LE ANALISE. DILLO AL DOTTORE CHE CONTROLLA SUL LIBRETTO DEI BAMBINI QUALE VACCINE SI DOVREBERO FARE ANCORA.

IL DOTTORE.
SENTA SIGNORA TANTO CHE SEI QUA FATELE ANCHE VOI I ANALISI.
CHE SONO SEMBRE BENE. È UN CONTROLLO È SEMBRE PIÙ SICURO. SI RISPOSA LEI SI CERTO FACCIAMELO.
LO SAI GIA CHE SONO IN TRE GIORNI PRONTI I RISULTATI PEL LEI È COME ANCHE PER I TUOI BIMBI.

NON DIMENTICARE DI SALUTARE IL VOSTRO CARO MARITINO CHE È UN GRANDO LAVORATORE È MOLTO CORRETTO.

DONNA VIPERA VELENOSA

SI CERTAMENTO ARRIVEDERCI DOTTORE.
TRE GIORNI DOPO ANDO A PRENDERE I
RISULTTATI.
BUON GIORNO DOTTORE. SI SONO PRONTO
È PER I BIMBI TUTTO BENE SIGNORA È
ACHE I SUOI ANALISI.

MA CE UNA SOPRESA PER LEI. È DI
POCHI GIORNI I ATTESA. È AUGURI CHE
TUTTO VA BENE PER LA GRAVITANZA.
SI SONO MOLTO CONTENTISSIMA È FELICE
DOTTORE CHE BELLA GIORNATA È PER ME.
ARRIVO A CASA SUA È SUBITO.
DISSO AL SUO POVERO MARITINO SAI CHE
INCINTA DI POCHI GIORNI MI A DETTO IL
DOTTORE.
CARISSIMO AMORETTINO. DISSO È SI
ADESSO ADESSO QUESTO NON CI VOLLEVO
PROPIO. È ADESSO SI DEVE LAVORARE
ANCHE DI PIÙ PRIMO.

È COME ANCHE TU IN CASA È ANCHE
NEL NEGOZIO. TU LO SAI CHE IL TUO
AIUTO SERVE È ANCHE LA TUA
PRESENZA È MOLTO NECESSARIO PER I
CHLIENTI. È AVISERAI TU A TUTTI
NOSTRI GENITORI È NON TI LO DIMENTICARE

DONNA VIPERA VELENOSA

È ANCHE I GENITORI LA SCIARONO CERTO SOPRESO. COSÌ SUBITO UN ALTRO FIGLIO PENSAVANO CHE ERA MEGLIO DI ASPETTARE ANCORA ALMEN PER ALCUNI ANNI.
ALMENO CHE FOSSERO PIÙ GRANDICCELLI I ALTRI DUE CARI BAMBINI.

MA SI È TANTOÈRI CAPITATO È NON SO COME. RISPOSA LA VIPER VELENSA.
SÌ MA ADESSO BISOGNA FA DI PIÙ ANCHE ATENZIONE CHE LE COSE NON DIVENDONO PIÙ DIFICILE PE TUTTI NOI DISSO IL MARITO.

RISPOSA LA VIPERA VELENSA. MA VAI CHE COSA SUCCEDERA. SAI CI SONO TANTE FAMIGLIE NUMEROSE.
NEL MONDO È VEDRAI CHE ANDRA ANCHE RER NOI.
COSÌ VIA CON LA DISCUSIONA FINÌ.

NOVE MESI DOPO NACQUE GIÀ IL TERZO BAMBINO UN BELLE MASCIETTO È PER TUTTE DUE DURANDO LA ERA SENZA PROBLEMI PER LA NASCITA.
GRAZIE A DIO.

DONNA VIPERA VELENOSA

DOPO DI UNA SETTIMANA NELLA CLINICA CHE ERA STATO. RIENTRO A CASA È TUTTI CURIOSAMENTO ASPETTAVANO PER VEDERE IL FRATELLINO COSI PICCOLO NELLA PICCOLA CULLA DISSO LA L'ORO MAMMA AI DUE SUOI BAMBINI PIU GRADICELLI E COSI ERAVATE ANCHE VOI PICCOLO È CON LA STESSA PICCOLA CULLA VI ABIAMO PORTATO A CASA IN SIEMO A VOSTRO PADRE.

CETAMENTO ERANO TITTI CONTENTI IN FAMIGLIA DI VEDERE IL BELLO NEO NATO E ANCHE I AMICI È I PARENTI COME ANCHE I VICINI DI CASA È DICEVANO CHE BEL BIMBO TANTI AUGURI È FORTUNA È FELICITA NEL FUTURO.
DI FARE ATEZIONE PER I ALTRI DUE BAMBINI. PIU GRANDICELLI.

CERTAMENTO COME IL SOLIDO PASSATO SI PENSAVO DI ANDARE AVANTO PER IL MEGLIO POSSIBILE CON LA L'ORA FAMIGLIA.
È ACHE CON LA ZIENTA CHE ANDAVA FORTUNATAMENTO BENE.

ROCCO TARANTINO

DONNA VIPERA VELENOSA

IL BATTESIMO DOPO DI ALCUNI GIORI NATO. FÙ ANCHE COSI PER IL TERZO FIGLIO. ANCHE UN GRANDO BANGETTO CON TANTI INVITATI È PARENTI AMICI È VICINI DI CASA PER FARE LA BELLA FIGURA COME IL BATTESIMO DEI ALTRI DUE BAMBINI CON IL FILMINO È FOTO CON LA MUSICA AL VIVO È SEMBRE FESTA ALLA GRANDE PER ANTICA ABITUTINA È USANZA PAESANA.

COSI VIA CON LA BELLISSIMA DOLCE VITA DEL MEDITERRANEO VERA.

PUR PROPPO ANCHE IL LAVORO FA PARTE DELLA NOSTRA VERA VITA DEL MEDITERRANEO.
NON È SOLO FESTA È SOLE MIO.
È A BALLARE AMORE È BELLA MUSICA DIVERTIMENTO.

AL MATTINO SI DEVE ANCHE ANDARE A LAVORARE È DI APRIRE IL NEGOZIO SOLO COSI SI POSSONO GUADAGNARE I SOLDI PER VIVERE AL QUANDO BENE È PER I VIZIO CHE NOI

DONNA VIPERA VELENOSA

QUASI TUTTI ABIAMO NELLA VITA.

ALLORA LA LOTTA CONTINUERA ANCHE
QUASI PER TUTTI NOI.
È IN TANTO IN TANTO CERANO ANCHE
LE RIUNIONE IN FAMIGLIA PER LA
ZIENTA DI VEDERE ANCHE LA BILANCIA
DEL COMMERCIO COME ERA È ANCHE
SE CERANO QUALCHE COSA DI
MIGLIORARE OPPURO DELLE RIPARARE

COSA SI VOVEVA FARE PER PRIMO
È COSÌ ERANO TUTTI CONTENTI DI
ESSERE ANCHE STATO PRESENTI È A
DECIDERE IN SIEME PER I NUOVI
PROGETTI CHE ERANO IN VISTO.
NEL FUTURO COSÌ ERA PIÙ BELLO.

LA DICISIONE CHE SI ERA PRESO
FU PER INGRANDIRE IL GRANDO
PIAZZIALE DA VANDO LA ZIENDA
PER I CAMION GRANDI CHE PORTAVANO
LA MERCIA.
È SEVIVO ANCHE SPAZIO PER QUELLI
CHE VENIVANO A PRENDERE LA
MERCIA. CHE ERANO I CHLIENTI.
TUTTI ERANO CONTENTI PER LA

ROCCO TARANTINO

BELLA DECISIONA PRESA. CHE ERA UNA COSA MOLTO UTILE PER TUTTI. È DURANTO IL LAVORO IN CORSO ERA DAL' INGIGNIERO GARANTITO CHE IL NEGOZIO POTEVO TRANQUILLO STARE APERTO È SERVIRE I CHLIENTI COME SEMBRE SENZA PROBLEMI.

TUTTI CONTENTI È LA BOSSA VIPERA VELENOSA ANCHE IN FAMIGLIA.
È ANCHE I CHLIENTI CHE NON DOVEVANO ANDARE PERA LA SPESA NEI ALTRI MAGAZINI CHE ERANO ANCHE PIÙ LONTONO DALLE L'ORE VERE CASE.
È ANCHE MOLTO SCOMODO PER TUTTI I CHLIENTI. È TUTTO ANDAVO BENE PER IL LAVORO IN CORSO.

IN FAMIGLIA È COME ANCHE I ALTRI AFFARI SI PRESTAVANO NORMALMENTO BENE. ERANO TUTTI CONTENTI CHE FURTONATAMENTO NON CERANO PROBLEMI NELLA ZIENTA.

È IL TEMPO VOLAVO VELOCEMENTO È PASSARONO ALCUNI MESI SENZA NOTARLI ANCHE.

DONNA VIPERA VELENOSA

COSÌ AVENNO ACHE LA BOSSA ERA INCINTA.
DISSO AL POVERO MARITO È MI SENTO UN PO CURIOSA SAI È STANGISSIMA CHE NONO SIA QUALCHE COSA NON BUONA MI SEMBRA UN PO STRANO SAI SPERO CHE NON SIA NIENTE.

NEL MOMENTO CI ABBIAMO ANCHE MOLTO LAVORO IN CORSO SIA PER IL PIAZZALE È ALTRI LAVORI CHE SONO GIA PRVISTI.
PENSO CHE SARA MEGLIO CHE VAI SUBITO DAL DOTTORE. PER ESSERE PIÙ SICURO CHE NON SIA NIENTE DI MALE.

SI CARO VADO DOMANI È PORTO. ANCHE QUESTI DOCUMENTI AL SIGNORE RAGIONIERO È TUTTA QUESTA POSTA CHE IERO MATTINA MI LA SONO ANCHE DIMENTICATO DI MANDARLA VIA PER IL RAGAZZO CHE È ANDATO IERI AL PAESO.
SI VA BENE ANCHE COSI. RISPOSO IL SUO POVERO MARITINO.
BUON GIORNO DOTTORE. COME IL SOLIDO

DONNA VIPERA VELENOSA

DI FARE LE ANALISI PER ME E ANCHE
PER I BAMBINI. E ALLORA DISSO IL
DOTTORE IN TRE GIORNI PUOIO VENIRE
A PRENDERLI I RISULTATI DELLE
ANALISI PER TUTTI VOI.
VA BENE E ARRIVEDERCI E GRAZIE
MILLE.
ALCUNI GIORNI DOPO. DAL DOTTORE E
TUTTO BENE. SI E GRAZIE MILLE.
SIGNORA LE ANALISI PER I BAMBINI
SONO TUTTO NORMALE.

PER LEI E COME IL SOLIDO CHE
QUANDO VIENE LEI PER I ANALISI
SEI SEBRE IN GRAVETANZA E PER
TUTTO QUESTO NON SONO PER ME
PIÙ DELLE GRANDISSIME VERESOPRESE.
MA LA IMPORTANZA E CHE LEI STA
BENE DI SALUTE.
IO NON PENSAVO MAI. CHE LEI VUOLE
TANTISSIMI BAMBINI. A QUESTI
TEMPI MODERI CHE NOI VIVIAMO.
MA CONTENTA LEI E FELICE PER IL
RESTO VA CERTO TUTTO BENE.
ALLORA SIGNORA E TANTI AUGURONI
E BUONA SALUTE PER TUTTI VOI.
TANTI SALUTI A VOSTRO POVERO

DONNA VIPERA VELENOSA

MARITO È BUON GIORNO. SI GRAZIE
È ANCHE A LEI DOTTORE.
PER LA LUNGA VIA PENSAVA ALLA
CASA. CHE COSA MI DIRANNO TUTTI IN
FAMIGLIA È ANCHE I SANTI PARENTI.

CHE ADESSO È ANCHE IN ARRIVO IL
QUARTO BAMBINO.
È COME SI LA PRENDERA IL MIO
POVERO MARITINO. CHE GIA SIAMO
IN CINQUE PERSONE IN FAMIGLIA.
È LA CASA È ANCORA PICCOLINA PER
TUTTI NOI.

ADESSO BENE È MALE ORMAI È
ANDATO COSI È ANCHE GIA TARDO
PER POTERE PRENDERE ALTRI
PROVIDIMENTI. PENSAVA

LA BOSSA VIPERA VELENOSA.
DURANDO CHE GUIDAVA LA ROSSA
BELLA MACCHINA SPORTIVA LA
MASERATI.
CHE TORNAVA VERSO LA SUA CASA.
IL MARITO MAL PENSAVO È DOMANDO
SIETE TORNATO COSI SUBITO DAL
VECCHIO PAESO. È COME SONO I

DONNA VIPERA VELENOSA

RISULTATI DELLE VOSTRE ANALISI.
PER I BAMBINI SONO TUTTI BENE.
È PER TE CARA AMORE.
DOMANDO IL MARITO È TI VEDO UN
PO NERVOSA E ANCHE MOLTO PALLIDA
DI FACCIA.
È SI SONO IN MOMENTO COSI È PERCHE
NON SO TU COME DI LA PRENDIRAI
QUESTA VOLTA. LA NOTIZIA CHE IO
SONO GIA DI ALCUNE SETTIMANE IN
CINTA. DI CIRCA SETTE SETTIMANE.

MA IO NON PENSAVO PROPIO CHE
VENISSO GIA IL QUARTO FIGLIO. E NON
TI ARRABIARE TANTO TI PREGO CHE
IO CREDO CHE DIO CI LA MANDERA
TUTTO BENE E ANCHE TANTISSIMA
FELICITA A NOI TUTTI NELLA NOSTRA
CARA GRANDE FAMIGLIA.

MA IO NON PENSO PROPIO CHE SARA
COSI. COME DICE È RACONTI TU.
CARA È ORMAI ANCHE MOLTO TARDO
PER INTERROBERE LA TUA GRAVITANZA
TUTTO-ARBIATISSIMO DISSO IL MARITO
POVERO ME. TI LO DICO SEMBRE DI FARE
PIÙ ATENZIONE. PER IL SEX. SAI

DONNA VIPERA VELENOSA

MA NON SI FARA MAI E MAI ATEZIONE
È ADESSO CHE COSA DI RANNO TUTTI
I NOSTRI CARI GENITORI. CHE NON
VOLEVANO PROPIO CHE NOI CI POSEVAMO.

È A DESSO SIAMO GIA MOLTI IN QUESTA
FAMIGLIA È ANCHE LA CASA NOSTRA
È ANCHE TROPPO PICCOLA PER TUTTI
NOI. È PARENTI È I AMICI VICINI DI
CASA CHE COSA DIRANNO A NOI CERTO
TUTTO DI MALE.
CHE SIAMO UNA FAMIGLIA NUMEROSA
È A QUESTI TEMPI DI OGGI NON È
ASSOLUTAMENTO PIÙ NORMALE DI
QUESTA VERA VITA MODERNISSIMA.

È A DESSO CON IL QUARTO BAMBINO
IN ATTESO È SENZ'ALTRO CI SENTIREMO
DELLE GRAVE MALE CRITICHE E ANCHE
TEATRO DALLA FAMIGLIA NOSTRA. CHE
CI ANNO ANCHE MOLTA RAGIONE È
SECONDO ME CARA.
È CHE COSA DOBIAMO FARE ADESSO
DISSO IL POVERO MARITO ALLA SUA
MOGLIE.
È CON LA RISATINA FINTA SULLE
LABRE MALIZIOSE. È FALSE COME SEMBRE

ROCCO TARANTINO

DONNA VIPERA VELENOSA

LA VIPERA VELENOSA RISPOSA COSI.
COSI DOBIAMO È SI ANCORA LAVORARE
DI PIÙ PER GLI ALTRI MA NO PER
NOI SOLO.
SEMBRE PER COPRIRE LE SANTISSIME
SPESE PER GLI ALTRI.
CHE SARA POSSIBILE PER POTERE
ACCONTENTARE A TUTTA LA FAMIGLIA.

SE TU LA PENSI COSI VA BENE È
RISPOSO IL MARITO.
DA DOMINI IN POIO DI FARE MOLTO
DI PIÙ ATENZIONE SU TUTTE LE COSE
CHE SONO POSSIBILE IN CASA.
È SI FARA PROSSIMAMENTO ANCHE
UNA RIUNIONE CON I DUE NOSTRI
GENITORI.

È CON I OPERAI È IL COMMERCIALISTO.
COSI DECISERO NELLA RIUNIONE DI
INGRANDIRE IL NEGOZIO.
PER POTERE ESPANDARE ANCHE NELLE
REGGIONE VICINE PER POTERE ANCHE
AUMENTARE LA VENDITA DELLA MERCIA.
CHE ERA ANCHE UNO DEI MIGLIORI
PRODOTTI DELLA PENISOLA È IN EUROPA.
DOPO LA RIUNIONE ERANO TUTTI

DONNA VIPERA VELENOSA

DACCORDO PER LA BUONISSIMA BELLA
IDEA DI ESPANDARE NELLE REGGIONE
CONVINANTE. E SI DOVEVO ANCHE
AVERE PER PRIMO IL PERMESSO
DALLA FABRICA PER I L'ORO PRODOTTI
PER POTERLI VENDERE NELLE ALTRE
REGGIONE VICINE.
E ANCHE DI POTERE RICEVERE MOLTO
DI PIÙ MERCIA PER POTERE ANCHE
SERVIRE I ALTRI NUOVI CARI CHLIENTI.

DOPO DI AVERE CONTRATATO CON LA
FABRICA PER I PRODOTTI DI POTERE
ANCHE ESPANDARE NELLE ALTRE VICINE
REGIONE CONVINANTE.
ERA STATO PRESO UNA DEI BELLISIMA
ACCORDI. SIA PER VERNDERE I PRODOTTI
E ANCHE PER UN AIUTINO.
DALLA PARTE TECNICA E ANCHE
LOGISTICAMENTO.

COSÌ SI FERMO IL CONTRATTO PER
REGOLA DI LEGGE.
ERANO TUTTI CONTENTI IN FABRICA.
E ANCHE I FAMIGLIA DELLA COSÌ DETTO
LA BOSSA VIPERA VELENOSA.
CHE LA L'ORO AZIENTA POTEVO ANCHE.

ROCCO TARANTINO

DONNA VIPERA VELENOSA

CRESCERE DI PIÙ È POTEVANO ANCHE DARE LAVORO ALLA POVERA GENTE DEL VECCHIO PAESO.

DI DARE ANCHE UN BELLO ESEMBIO CHE SI POSSONO CREARE POSTO DI LAVORO. GIA SI SA CHE SPECIAMENTO NEL POVERO SUD'ITALIA IL LAVORO CE NE BENE È POCO.
È ANCHE QUESTO È UN BELLISSIMO ESEMBIO PER TUTTA LA ZONA È ANCHE PER IL PAESO VECCHIO POVERO ANTICO.

SI SPERAVO CHE TUTTO ANDAVO BENE.
È ANCHE IL NUOVO ARRIVATO ACQUISITORE ERA MOLTO CONTENTO DEL BELLO LAVORO.
È PER LA NUOVA CHLIENTELA.
È PE IL BUONISSIMO COMPORTAMENTO DELLA NUOVA DITTA.
È PER I NUOVI CHLIENTI CHE VENIVANO TUTTI ANCHE SERVITI SUBITO.

È I PRODOTTI ERANO MOLTO BUONI E ANCHE LA FABRICA ERA MOLTO CONTENTO PER LA MASSA CHE SI SMERCIAVA MOLTO DI PIÙ DI QUANDO SI ERA PENSATO ANTI PRIMA È TUTTO

È TUTTO FUNZIONAVO BENE È ANCHE IN FAMIGLIA ERANO TUTTI CONTENTISSIMI DEL BELLO COMMERCIO CHE AVEVANO DECISO TUTTI INSIEME.

È CI SIAMO ANCHE ARRIVATO ALLA NASCITA DEL QUARTO BAMBINO ERANO ANCHE TUTTI PREMCUPATO PER LA NASCITA DEL BAMBINO CHE TUTTO ANDASSO BENE.
CIOE SI SPERAVO SENZA CONBLICAZIONE.

AL MATTINO PRESTO FINALMENTO NAQUE IL BAMBINO DESIDERATO DALLA BOSSA VIPERA VELENOSA.
IL DOTTORE È LA VAMMACE DISSERO SONO SANO È ANCHE CON LA MAMMA È STANNO BENE DI SALUTE.

GRAZIE AL NOSTRO DIO DISSERO IN FAMIGLIA CHE TUTTO È ANDATO BENE PER LA NASCITA DEL BELLO BAMBINO CHE ERA UN MASCIETTO.
IL DOTTORE IL GIORNO DOPO DISSO VEDIAMO SE SARA POSSIBILE PUO ANCHE ANDARE A CASA SUA CON IL TUO BAMBINO DOMANI MATTINA SIGNORA.

DONNA VIPERA VELENOSA

SUBITO LEI TELEFONO A CASA SUA É DISSO DOMANI MI POTETE VENIRE A PRENDERCI.
IL MARITO SI CARI VENGO IO PROPIO AL' OSPEDE A PRENDERVI A VOI DUE CARI. É CIAO CIAO A DOMANI BACI BACI.

AL' ALBA IMPROVISAMENTO AVENNO UN TERREMOTO ERA ABASTANTEMENTO FORTO. É DOVEMMO SUBITO VELOCEMENTO USCIRE FUORO CON I NOSTRI NEO NATI. É PER SOPRA A TUTTE QUELLE MACERIE.

SI É GRIDANDO SI CORREVO É COREVAMO FORTEMENTO DICENTO CHE COSA É AIUTO DIO AIUTO. É I NEONATI PIANCEVANO É STRILLAVANO.
É NON SI CAPIVO ASSOLUTAMENTO PIÙ NIENTISSIMO.
É ANCHE AL BUIO SENZA LUCE ÉLETRICA. ANCHE CON LE SCOSSE FORTE SISMICHE.
SI NE ERA ANDATO LA LUCE. É COSI DOVEVAMO CORRERE VIA É ANCHE NEL BUIO É CON TANTISSIMA PAURA. A DOSSO. LA PROVIDENZA CIVILE CI CHIAMAVO VENITE IN PIAZZA CHE

DONNA VIPERA VELENOSA

NON VI CADERANNO I SASSI A DOSSO
É NON SARA TANTO PERICOLOSO É SI
GUARDAVANO TUTTI SPAVENTATI UNO
CON L'ALTRI PER LA GRANDE PAURA.
É NON SENTIVANO NE ANCHE I DOLORI
DELLE FERITE AI L'ORI PIEDI É SULLE
ALTRE PARTE DEL CORPO A SANGUE
CALDO.

GRAZIO A DIO. CHE QUASI TUTTI
ERANO SALVE NELLA NOSTRA ZONA
VIVENTE.
CHE NELLE ALTRI LUOGI CI FURONO
MOLTI FERITI É MORTI. É CERANO
MOLTE CASE CADUTE É ANCHE TANTE
DISSABILITATE.
DOPO DI TUTTO DI QUELLO BRUTTO
DISASTROSISMO TERREMOTO. LA
PROVIDENZA CIVILE É ANCHE LA
CROCE ROSSA CI DIETERO LE PRIME
MEDICINE PER I BAMBINI É POIO
PER LE MAMME É ANCHE ROBBA
PER LE PIÚ GRAVE FERITE.

DOPO DI MALE ORE PASSATE
ARRIVARO I NOSTRI CARI PARENTI A
PRENDERCI DALLO OSPEDALE. CHE NON

ROCCO TARANTINO

DONNA VIPERA VELENOSA

AVEVANO POTUTO ARRIVARE PIÙ
PRESTO. CHE ERANO LE STRADE QUASE
TUTTE DEFORMATE. È I PONTI CHE
ERANO CADUTI È NON ERANO PASSABILE
PER I AUTOMOBILE.
È DOVEVANO ANDARE A PASSARE PER
LE ALTRE VIE APERTO AL TRAFICO
MOBILE. È DI AVERE ANCHE MOLISSIMA
PAZIENZA PER QUESTO INPROVISO
DEL GRANDISSIMO DISASTROSO SISMO.

DISSO LA POLIZIA STRADALE.
È VA BENE GRAZIE A DIO CHE MENO
MALE. CHE SIAMO ANCORA VIVO. DISSO
LA BOSSA VIPERA VELENOSA.
QUESTE PICCOLE VERITE CERTAMENDO
GUARIRANNO PRESTO.

È DOPO DI MOLTISSIME ARRIVARONO
ANCHE I ALTRI CARI PARENTI È MI
DICEVANO È TUTTO BENE.
SEI SANA È SALVA SI È CHE BELLO
A VEDERVI SALVE BACI E BACI È UN
ABRACCIONE È TANTISSIMI AUGURI.
PER IL BELLO BAMBINO.
DOPO DI TUTTO QUESTO DISASTRACCIO.
FU ANCHE UN GIORNO RICORDATINO

DONNA VIPERA VELENOSA

PER TUTTO LA MIA VITA ETERNA
CARO MARITO AMOROSO DISSO.

LA VIPERA VELENOSA LA BOSSA.
GRANDE.
TUTTI I PARENTI E AMICI VICINI DI
CASA E ANCHE QUASI TUTTI LA
GENTE DEL POVERO PAESO ERANO
PRESENTI PER SALUTARE I DUE
POVERI.
CHE SI ERANO PER MIRACOLO SALVATO.

E TUTTI CURIOSAMENTI ASPETTAVANO
DA VANTO ALLA L'ORO CASA.
DELLA BOSSA VIPERA VELENOSA. E
TUTTO DOPO LA BELLA PROCEDURA DELLO
INCONTRO IN ASPETATO.
TUTTO LA GENTE CHE ERANO PRESENTI
VOLEVONO ESSERE SPIEGATO PER IL L'ORO
LUNGO VIAGGIO.

PER PRIMO DI ASSICURARE CHE SI POTEVO
VIAGGIARE IN MACCHINE. PER POTERE
TORNARE A CASA NOSTRA.
LA POLIZIA STRADALE E ANCHE I
CARABINIERI DISSERO DI SEGUIRE LUNGO
LA STRADA I ORDINI DEI ALTRI

ROCCO TARANTINO

DONNA VIPERA VELENOSA

COLLEGI È ANCHE DALLA PROVIDENZA CIVILE. SI CERTAMENTO. NOI VOGLIAMO ARRIVARE A CASA NOSTRA IN GRAZIE DI DIO. CHE SONO ANCHE MOLTI KM. PER ARRIVARE A NOSTRA CASA.

SI VIAGGIAVO PIANO È PIANINO PER LE VIE INTERNO. CHE ERANO NON BENE PASSABILE.
ARRIVATO A CASA TUTTI BENE.
MA CERTO LA SOPRESA CERA. È SI DISSERO I GENITORI PATERNO LA CASA E STATO PUR TROPPO DI SABILITATO DALLA PROVIDENZA CIVILE.
È PER ADESSO PROVISORIO DOBIAMO ANCHE ABITARE FUORI AL'APERTO SOTTO IL CIELO BELLO STELLATO È VEDI CHE ABIAMO INIZIATO A LAVORARE PER METTERE UNA TENTA GRANDE.

È POIO VEDIAMO QUANDO POSSIAMO ENDRARE ABITARE DI NUOVO NELLA CASA NOSTRA.
GIA ALLE MIE SPERIENZE CHE CIO FATTO NEI MIEI ANNI PASSATI.
SENZATRO PASSERANNO ALCUNI MESI CHE SCOSSE SISMICHE SI FERMERANNO.

DONNA VIPERA VELENOSA

È DI ASPETARE ANCHE COSA DICONO I INGIGNIERI CHE CI DARANNO IL PERMESSO PER POTERE ANCHE IN CASA NOSTRA. IL PADRE DISSO SARA PROPIO COSI ALLA FINE.

È COSI SARA CARO PADRE RISPOSA LA FIGLIA ANCHE NEL FUTURO.

DETTO LA GRANDE BOSSA.
VIPERA VELENOSA. CI DOBIAMO ANCHE ADARTARCI COSI CHE SONO COSE NATURALE. È PER FORTUNA IL NUOVO NEGOZIO È BUONO NON È STATO DICHIARATO PERICOLOSO È NON È STATO DANNEGIATO DAL FORTO TEREMOTO.

ALMEN POSSIAMO ANCHE LAVORARE DICIVA LA BOSSA.
CHE DOPO DI TUTTO QUELLA GRANDE PAURA. È TANTISSIME ORE MALE PER LA STRADA PERSE. È MENO MALE CHE POSSIAMO APRIRE IL NEGOZIO PER I CARI CHLIENTI È DOBIAMO STARE MOLTO ANTO PER LE SCOSSE SISMICHE NUOVE. È DI LASCIARE TUTTE LE PORTE È FINESTRE SEMBRE TUTTE APERTO.

ROCCO TARANTINO

DONNA VIPERA VELENOSA

IN CASO DELLE NUOVE SISMICHE È CORRERE TUTTI FUORI È SENZA PANICO. MIRACCOMANDO CARI È AVETO TUTTI CAPITO.
È OCCHIO E ORECCHIO SEBRE DI TENERE ALTO CHE LE SCOSSE SISMICHE ARRIVANO SEMBRE AL' IMPROVISO. È DOPO DATO LE BUONE ISTRUZIONE DI COMPORTAMENTO SI INIZIO ANCHE A LAVORARE BENE NEL NEZOZIO.

È ANCHE LA GRANDE TENTA ERA GIA MESSO BENE A POSTO.
PER PRIMO ERA LA CUCINA È I LETTI PER OTTO PERSONE CHE ERAVAMO. GIORNI È NOTTE SI ABITAVA NELLA GRANDE TENTACCIA PER NECISSITA.

LE SCOSSE SISMICHE SI VERIFICAVANO SEMBRE NOTTE È GIORNI PER CIRCA TRE MESI. ALMENO SI INIZIARONO A CALMARSE LE SCOSSE SISMICHE SEMBRE DI MENO. SI NOTAVANO.
UN BEL GIORNO NON SI SENTIVANO DI PIU NIENTE DELLE BRUTTE SCOSSE SISMICHE.

DONNA VIPERA VELENOSA

È IL PADRE DELLA BOSSA DETTO
LA VIPERA VELENOSA.
POSSIAMO ANCHE A INZIARE ARIPARARE
LE COSE CHE NON SONO MOLTO STATO
DANNEGIATO.

ANCHE L'INGIGNIRO PUO VENIRE A
GUARDARE. È POIO CE ANCHE L'INVERNO
ALLE PORTE.
È ARRIVERA ANCHE LA BIANCA NEVE È
GELI È ANCHE FREDO. PER TELEFONO
CHIESO AL'INGIERO SI CERTO VENGO A
VEDERE. È PENSO CHE SI PUO FARE.
LA STRUTTA È TUTTO BUONO.
DI FARE SOLO QUESTI LAVORI COME
VI DICO IO. È QUANDO SIATE FINITO
VENGO A GUARDARE.

SE È STATO FATTO TUTTO BENE.
POTETO ENDRARE BENISSIMAMENTO ANCHE
COME ERA PRIMO DEL TERREMOTO.
DACCORDO DISSO L'INGIGNIRO.
SI CERTAMENTO RISPOSO LA DETTA
GRANDE BOSSA VIPERA VELENOSA.
SI È VA BENE. CI VEDIAMO È BUON
GIORNO. SI GRAZIE MILLE È ANCHE
A LEI TANTISSIMI SALUTI IN FAMIGLIA.

DONNA VIPERA VELENOSA

DOPO DI UNA SETTIMANA LUNGA ERANO GIA FINTO TUTTI I SANTI LAVORI NELLA CASA STATA TERREMOTATO.
È ANCHE FATTO TUTTE LE POLIZIE IN CASA.
L'INGIGNIERO DISSO SI È BELLISSIMO IL LAVORO FATTO È TUTTO BELLISSIMO È PERFETTO PULITO. È FUNZIONE ANCHE TUTTO.
VIÈ PERMESSO DI POTERE ENDRARE ABITARE NELLA VOSTRA CASA.
FINALMENTO DISSERO LE DONNE CHE SI RITORNA A TUTTO COME ERA PRIMO.

CHE STAVAMO MOLTO SCOMODO È ERA ANCHE UMIDISSIMO È FREDO SPECIE PER I BAMBINI PICCOLI SI SPERAVO CHE NON PRENDEVONO QUALCHE INFLUENZA È BROCHITA POLMONITA. È TUTTI ERAVAMO CONTENTISSIMI DEL BELLO RITORNO IN CASA È SPECIE I PICCOLI BAMBINI.

COSÌ FÙ ANCHE VELOCEMENTO LA GRANDE TENTA. CHE I BAMBINI DICEVANO CHE NON VOGLIAMO PROPIO PIÙ VEDERLA QUELLA TENTACCIA

85

DONNA VIPERA VELENOSA

TUTTO LA GENTE DOMANDAVANO AL PADRE È ALLA DETTA BOSSA VIPERA VELENOSA.
COME AVETE RIUSCITI A VIVERE PER MOLTO TEMPO NELLA TENTA DEL GENERO. È SI SA CHE I BAMBINI SONO CERTO MOLTO CURIOSI PER NATURA È VOGLIONO, POSSIBILMENTO QUASO SAPERE TUTTO LA STORIA DEL'UOMO.

È ANCHE DEL PIANETO BLU CHE NOI DA MILIONI DI ANNI CHE NOI VIVIAMO È DOPO DI ALCUNI AMESI CHE NOI AVEVAMO VISSUTI NELLA GRANDE TENTACCIA.
CHE I BAMBINI AVEVANO GIA FATTO MALE SPERIENZA NELLA GRANDE TENTACCIA.

AL'ESTATE ERA MOLTO CALDO DA SOFOCARE È NEL'INFERNO ERA FREDO È MOLTO UMIDO È STRETTO SCOMODO
È PENSAVANO AI ANTICHI VERI NOMADI.

PENSARO DI DOMANDARE AL L'ORO CARO NONNO. CHE SAREBE IL PADRE DELLA DETTA LA BOSSA VIPERA VELENOSA.
I BAMBINI CHIESERO AL NONNO SAI TU COME RIESCONO I VERI NOMADI SEMBRE A

ROCCO TARANTINO

VIVERE NELLE TENTE. È UNA VOLTA
VIVONO A UNA PARTA. POIO VANNO A
UNA ALTRA PARTA.
CON TUTTA LA L'ORA FAMIGLIA È ANCHE
CON TUTTI I ANIMALETTI A VIVERE
PER TUTTA LA L'ORA VERA VITA
ETERNAMENTO.

IL L'ORO CARO NONNO CERCO DI FARE
CAPIRE AI BAMBINI.
COSÌ È PER LA L'ORA ANTICA USANZA È
ANCHE LA L'ORA VITA COSÌ PER ANTICA
GENERAZIONE. È FA ANCHE PARTE DELLA
L'ORA ANTICA CULTURA.
È ANCHE PER I VERI PROBLEMI DELLA
ACQUA È PER IL CLIMA È DELLA
VEGITAZIONE PER I L'ORI POVERI
ANIMALETTI.
CHE SERVIRÀ ANCHE PER SOPRA A
VIVERE NEL DESERTO.

È COSÌ È STATO. È COSÌ RARA PER
TUTTI NOI.
CHE ABITIAMO SU QUESTO PIANETO.
È PURO BELLISSIMO È BLU.
CARI NIPOTI SOLO È CHE DOVE NOI
NASCIAMO CI DOBIAMO ASSOLUTAMENTO

DONNA VIPERA VELENOSA

ADEGUARE NEI LUOGI CHE NOI VIVIAMO
È ABITIAMO SU QUESTO PIANETO È SAPETO
CHE È BLÙ È PURO BELLISSIMO CARI
NIPOTI DA NOI CISONO DELLE SCOSSE
SISMICHE.
È ANCHE ALTRI PROBLEMI ATMOSFERICHE.

COSÌ È DA TUTTE LE PARTE SU QUESTO
MONDO BELLISSIMO È BLÙ.
È DA ASSOLUTAMENTO DA RISPETARE LE
REGOLE DELLA BELLA NATURA.

SPERO CHE AVETE CAPITO CARI PICCOLI
NIPOTI. È QUANDO SIETE PIÙ GRANDI
È ANDATE ALLA SCUOLA.
IL MAESTRO VI PUO SPIEGARE MOLTO
DI PIÙ DELLA STORIA È LA SCIENZA
FISICA.
ADESSO SIETE ANCORA PICCOLI NON SI
PUO RIUSCIRE A CAPIRE TANTISSIME
COSE TUTTO IN UNA VOLTA SOLA
CARISSIMI NIPOTI.
PER ADESSO PENSO CHE VA BENE COSÌ.
CE UN PROVERBIO ANTICO CHE RACONDA
FINCHE CHE NON SI MUORE SI
IMPARERA SEMBRE QUALCOSA NUOVA.
GIORNI PER GIORNI. È COSÌ È COSÌ S'ARA

ROCCO TARANTINO

DONNA VIPERA VELENOSA

ANCHE ETERNAMENTO. CARI NIPOTI E SEMBRE OCCHIO DI LEGNO ATENZIONE APERTO COME IL BUE.
CARI DOPO DI TUTTO QUESTI BELLI RACONDI DELLA ANTICA STORIA NOSTRA. E LE TRAGEDIE CHE SUCCEDONO NELLA VERA VITA DEL'UOMO SU QUSTO PIANETO BLU È PURO BELLISSIMO.

BISOGNA QUODITIANAMENTO ANCHE A LAVORARE CHE LE SPESE PESANO TANTO ANCHE DI PIÙ DI PRIMO PER IL FATTO DEL PESANTO GRAVO TERREMOTO SONO ANCHE AUMENTATO TANTE. PER ALCUNI GIORNI NON SI POTEVO LAVORARE PER CAUSO DELLE SISMICHE E DELLE STRADE CHE ERANO CHIUSE.
E NON CERA LA MERCIA NEL MAGAZINO.

E ANCHE LE FABRICHE PER IL GRANDO TERREMOTO ERANO TUTTO BLOCATO E NON POTEVANO SPEDIRE CON I CAMION CHE LE STRADE ERANO CHIUSO AL TRAFICO PER CAUSO DELLE SISMICHE. CHE ERA ANCHE PER LA FABRICA UN RICHIO DI MANDARE UN CAMION E I OPERAI NELLE ZONE TERREMOTATE.

COSI ERA ANCHE MALE PER I POVERI ANIMALI CHE NON CERA PIÙ UFICIENTA ROBBA PER POTERE GOVERNARE TUTTI I ANIMALI NELLE STALLE.
ERANO OBLICATO A DARE SOLAMENTO UN POCO DI ROBBA AL GIORNO CHE DOVEVA A BASTARE FINE ALLA NUOVA MERCIA. CHE ARRIVAVO.

PER POTERE TORNARE ALLA VECCHIA NORMALITA. DI PRIMO DEL TERREMOTO. GLI ANIMALI SALTAVANO E STRILLAVANO CHE AVEVANO CERTAMENTO ANCORA FAME. MA I ANIMALI CERTO NON CAPIVANO DEI DISATRI CHE CERANO STATO PER CAUSO DEL TERREMOTO.
COSI PASSARONO ALCUNI GIORNI. E SI ERA QUASO TUTTO NORMALIZATO CON L'AIUTO DELLA POLIZIA E DAVANO LA PREFERENZA ASSOLUTO PER I VIVERI E LE MEDICINE ALLA CROCE ROSA PER IL PRONTO SOCCORSO PER POTERE CCONTENTARE LA POVERA GENTA.

E DICEVANO QUASI TUTTE LA GENTE DEL PAESO. E ADESSO DI ALZARE LE MANICHE DELLE CAMICE E DI ANCHE

DONNA VIPERA VELENOSA

1
LAVORARE FORTEMENTO COME ANTI
PRIMO PER TOGLIERE TUTTE QUELLE
MACERIE CHE CI SONO.
È DI FARE AL QUANDO POSSIBILE. TUTTO
CHE ERA COME PRIMO DEL BRUTTO
TERREMOTO.

COSÌ GIORNI PER GIORNI SI LAVORAVO
ALLA GRANDE È TUTTO ANDAVO NORMALE
È SENZA GRAVE PROBLEMI.

LA BOSSA VIPERA VELENOSA DISSO
LA PROPIETARIA DELLA GRANDE ZIENDA.
È A GUARDARE COME TUTTI LAVORONO
CON UNA GRANDISSIMA ALTA GRINDA.
CHE DA MOLTISSIMO TEMPO FA NON
SI VERIFICAVO PIÙ.

SÌ È VERO. CHE DA MOLTO TEMPO NON
SI VEDEVO PIÙ. DAVERO SÌ CHE NON
AVEVANO ANCHE TANTO DI BISOGNA CHE
TUTTI AVEVANO GIÀ QUASI FABRICATO
LE L'ORO CASSETTE.
È DELLE ALTRE COSE NON LI ERANO
PIÙ TANTO NECESSARIO PER VIVERE
LA L'ORO VERA DOLCE VITA PAESANA.
È COSÌ CERTAMENTO SÌ LA SPASAVANO.

DONNA VIPERA VELENOSA

PER TUTTI I SANTI BELLI GIORNI IN PIAZZA E AL BAR PER IL BUON CAFÈ FAMOSO È CONOSCIUTO CASUALMENTO NEL MONDO.
È PER ABITUDINE ITALIANA È DEL MEDITERRANEO IL BUON CAFÈ.

ANCHE PER LA FAMOSA DETTO LA GRANDE BOSSA ANDAVO TUTTO NORMALE È SI LAVORAVO BENE SI LAVORAVO PER METTERE LA L'ORA CASA A POSTO E COME TANTE ALTRE COSE CHE ERANO NECESSARIO CHE FURONO STATO GIA DANNEGIATO DAL TERREMOTO.
CHE ERANO NECESSARIO I LAVORI PER RISTORARE LA CASA È ANCHE LA L'ORO ZIENTA.

ERA ANCHE PER NORMA DI LEGGE CHE DOVEVO ESSERE TUTTO IN ORDINE E ANCHE PULITO.
CETAMENTO CERANO PER CAUSO DEL TERREMOTO ANCHE POCO SOLDI.
ALLORA PER POTERE FARE I LAVORI TUTTO UNA VOLTA NON ERA POSSIPILE SENZA SOLDI È SI FACEVANO I LAVORI UN PO ALLA VOLTA. ANCHE CON L'AIUTO DEI AMICI

ROCCO TARANTINO

DONNA VIPERA VELENOSA

FINALMENTO DOPO DI ALCUNI ANNI ERANO FATTI QUASI TUTTI I LAVORI DANNEGIATO DAL TERREMOTO COME ERA GIA DETTO IL INGIGNIERO DEL' EDELIZIO.
DOPO DI TANTISSIME BRUTTA PAURA È A CORRERE VIA AL'APERTO PER CAUSO DEL TERREMOTO È ANCHE PER SOPRA ALLE MACERIE.

È IL MOLO TEMPO CHE ERAVAMO PASSATO È STRADE CHE ERANO MOLTO DI FORMATE. È CI SIAMO RIUSCITO ANCHE A FARE TUTTO AL QUANDO BENE CHE ERA POSSIBILE. È GRAZIE A DIO SIGNORE. È CON LA GENEROSITA.
ABIAMO FATTO IL PER TUTTO CHE ERA POSSIBILE.

È ADESSO NON CE CHE ALTRO DI CONTINUARE COME PRIMO A LAVORARE È A SERVIRE COME DIO COMANDA A TUTTI I CHLIENTI. È DOBIAMO CERCARE DI RAGIUNGERE LA BILANCIA COME ERA PRIMO. CHE SARA CERTAMENTO ANCHE POSSIBILE DI CERCARE DI PRENDERE IL PRIMO PREMIO DELLA PENISOLA ANCHE PER DARE ALLA FABRICA UN

ESEMPIO BELLO. ANCHE NEL SUD
DELLA PENISOLA CI SONO DELLE PERSONE
ONESTE E NON MAFIOSI E VERI UOMINI
LAVORATORI.
E GENERO SPECIALIZATI E ANCHE ALLA
MISURA CON I ALTRI SPECIALIZATI IN
TUTTO L'EUROPA. E LA MAGIORANZA
DEL POPOLO ITALIANO E MOLTO BRAVO
IN TUTTO I CAMPI.

IL PROBLEMO E CHE IL GOVENO E I
MINISTRI SONO FANNULONI E ANCHE
MENIFECRISTI E PENSANO SOLO ALLA
L'ORO BANGIONE.
E SONO ANCHE CORROTTI DAL GRANDO
CAPITALISMO MONDIALE.
E NON FANNO IL L'ORO DOVE COME
DIO COMANDO.

E PER TUTTO IL RESTO DEL'ITALIA
GUARDANDO LA VECCHIA STORIA VERA
DEL TEMPO ANTICO PASSATO.
CHE DAVERO DOPO DEL'IMPERO ROMANO.
CHE ANNO DOMINATO L'ORIENTO E ANCHE
QUASO TUTTO L'EROPA E AFRICA.
E STA SCRITTO ANCHE NEI LIBRI DI
STORIA.

DONNA VIPERA VELENOSA

MI RIVOLGIO SOLAMENTO A VERIFICARE
E A SPIEGARE CHE È VERO DOPO L'IMPERO
ROMANO.
L'ITALIA È STATO TOTALMENTO DAVERO
DIMENTICATO DA TUTTI I GOVERNATORI
E DAI MINISTRI E POLITICI.
SPECIALMENTO TUTTO IL SUD'ITALIA E
LE SUE ISOLE.

RIEPLICO ALLA VERA DOLCE VITA
DEL' UOMO.
CHE NOI IN VERITA NON L'ABIAMO MAI
PROPIO CAPITO PER NIENTO.
MA CHE NOI INVERITA NON LAVORIAMO
MAI PER NOI STESSI SOLO.
CERTAMENTO PER GLI ALTRI MAGNACCI.

L'UOMO VIENO TOTALMENTO SEMBRE
MANIPOLATO. E ANCHE FATTO DEI
LAVAGGI DI CERVELLO GIA DA PICCOLI
BAMBINI.
E ANCHE DALLE MEDIE TELEVISIONE
RADIO E STAMPA E GIORNALISTI.

QUESTA È LA VITA BELLA VERA
NOSTRA VITA CHE SOGNAVAMO. LA DOLCE VITA
DISSO LA DETTO BOSSA VIPERA VELENOSA.

DONNA VIPERA VELENOSA

QUESTO È DAVERO SUCCESSO NEL
PAESO NATIVO DELLA GRANDE BOSSA
VIPERA VELENOSA.

È STATO PER SGOBARSI SOLAMENTO
PER TUTTI GLI ALTRI. MA NON PER LA
NOSTRA FAMIGLIA, RIMANENTE È PER LA
PENSIONE.
CI FANNO SOLO CREDERE PER LA MALA
PUBLICITÀ CHE TUTTI CI PROMETTONO
CHE QUANDO SI VA IN PENSIONE DI
GODERE LA BELLA DOLCEVITA. SOTTO LE
PALME AL MARE BLU.

IN VERITA È. DI LAVORARE MOLTO È
DI RISPARMIARE TUTTO PER NOI.
CHE POIO VENIAMO NOI CAPITALISTI
MAFIOSI E VI PORTEREMO TUTTO VIO
AL'ULTIMO.
CHE CI SERVE A NOI CHE A VOI NON
VI SERVERA PIÙ ALLA VECCHIAIA.

DICONO I LOBIISTI. E ANCHE I POLITICI
È LE BANCE ROTTE.

I LAVORI DELLA GRANDE BOSSA.
ANDAVONO SENZA GRAVI BROBLEMI.

ROCCO TARANTINO

DONNA VIPERA VELENOSA

E I CHLIENTI ERANO TUTTI CONTENTI.
SODISFATTI DEL SERVIZIO DEL NEGOZIO.
COSÍ CONTINUAVO PER TUTTI I SANTI
GIORNI. DOPO DEL PASSATO GRANDO
DISASTROSO TERREMOTO.

SI SPERAVO ALLA NORMALITA CHE
FINALMENTO SI TORNO QUASO COME
ERA ANTI PRIMO E SI PUO ANCHE
DORMIRE DOLCEMENTO. PENSAVA LA
DETTA GRANDE BOSSA DELLA ZIENTA.

UN BEL GIORNO ERA TUTTO CALMO
E TRANQUILLO CERA UN CIELO DAVERO
BELLISSIMO E AZZURRO.
SI DAVERO RISPOSERO I OPERAI E BELLO.
E SI CONTINUO A LAVORARE COME IL SOLIDO.
ALLA TARDA SERA DISSO LA MOGLIE
AL POVERO MARITINO.
SAI CARO AMORE CHÉ SONO DI NUOVO
INCINTA E SARAI PAPA PER LA VERA
QUINTESIMA VOLTA.

MA CHE COSA RISPOSO. E VAI CHE
OGGIO NON É IL PRIMO DI ABRILE. E
SIAMO GIA CON CINQUE BAMBINI E DUE
NOI SIAMO UNA FAMIGLIA NUMEROSA.

DONNA VIPERA VELENOSA

CARA COME DOBIAMO FARE. A SPIEGARE
A TUTTI I NOSTRI CARI GENITORI E I
PARENTI.
TI PREGO ABBIA TANTA PAZIENZA
PER QUESTI CARI FIGLI. E DI LAVORARE
DI PIÙ IN SANTA PACE. CHE DO CI LA
MANDERA SENZALTRO BENE CARA
AMORETTINO. E TUTTO VA LISCIO NEL
FUTURO CARO.

TI VOGLIO TANTO BENE SAI. DISSO LA
VIPERA VELENOSA. E COSÌ FINÌ LA
PICCOLA DISCURSIONE FRA DI L'ORO
DUE SPOSI.
E DOPO DI POCHI GIORNI INZIO LA
GRADISSIMA DISCURSIONE CON TUTTE
DUE I L'ORI GENITORI.
DELLA GRANDE BOSSA VIPERA VELENOSA
DICEVANO CHE AL POSTO DI METTERE
TANTI FIGLI AL MONDO ERA SICURAMENTO
MOLTO MEGLIO DI FARE ATENZIONE E
DI USARE LE PROTEZIONE E NEI
TEMPI DI OGGI CINE SONO ANCHE
MOLTE POSSIBILITA. AL MONDO.

E DI NON ASCOLTARE ASSOLUTAMENTO
A TUTTE LE MENSOGNE DELLE

ROCCO TARANTINO

RELIGIONE CHE SONO SU QUESTO
MONDO. È DI NON ASCOLTARE ALLE VECCHIE
STORIE. CHE I PREDI SULLE ALTARE
IN CHIESE PREDICANO.
CHE SONO CERTAMENTO SOLO MESOGNIE
È SONO SOLO BUONO PER LA L'ORA
PANCIONA. È PER LA CHIESA.

MA NON PER TUTTO LA GENTE CHE
CREDONO A DIO. SI CERTO DIO CÈ
MA TUTTE LE ALTRE COSE. SONO SOLO
INVEZIONE DELLA CHIESA.
ANCHE DI TUTTE LE ALTRE RELIGIONE.
IN TUTTO I MONDO CHE HANNO INVENTATO
L'ORO. STESSI TUTTE QUSTE MENSOGNE.
MA BISOGNA A PENSARE PER PRIMO É
DI FARE IL CONDO SUL NASO È CONDARE
ALMENO FINO A TRE.

PER DARE AI FIGLI UN FUTURO PIÙ
SICURO DI VIVERE BENE CHE SIA PER
IL COMPOTAMENO È ANCHE LA EDUCAZIONE
FISICA.
PER POTERE STUDIARE. HO DI APRENDERE
UNA CERTA QUALIFICA PER POTERE
VIVERE COME DIO COMANDA.
SU QUESTO MONDO BLU È PURO ANCHE

BELLISSIMO. DISSO IL SUO PADRE DELLA
DETTA GRANDE BOSSA VIPERA VELENOSA.

TU NON HAI CERTAMENTO CAPITO
PROPIO NIENTE. SEI CERTAMENTA
ANCORA CON IL BECCO VERDONE È
TANTE COSE SI CAPIRANNO SOLAMENTO
QUANDO SI ARRIVA.
HA UNA ALTA ETA. È AVRAI I CAPELLI
BIANCHISSIMI.

CARA FIGLIA DETTA LA GRANDE BOSSA.
MI SEMBRA CHE TU CI HAI CAPITO
PROPIO NIENTE CHE COSE VOI DONNE
VOLETE PER NATURA CENETICO
È FEMMINILA.
VOLETE SOLAMETE FARE LA BELLA FIGURA.
È DOVE VI POTETE A GRAMPARE PER
POTERE AVERE TUTTO QUELLO CHE A
VOI VI PIACE.

SOPRA A TUTTO TANTISSIMI BELLI
GIOELLI ELEGANTI VESTITI DI ALTA
MODA PER FARE LA BELLA FIGURA
DAVANTO A TUTTA LA GENTE.
CHE SOLA LEA È BELLISSIMA È ANCHE
PIÙ ELEGANTE PER INGANNARE L'UOMO.

DONNA VIPERA VELENOSA

È PENSA SOLAMENTA ALLA VERA DOLCE VITA. È HA NON FARE NIENTE PROPIO. È NON CIA ALTRI INTERESSI.
NON PENSA A NIENTE È NON HA INTERESSI DI LAVORARE È DI DARE UN AIUTINO NEL SUO NEGOZIO È IN CASA SUA È DOVE SI NE VA TUTTI SANTISSIME VOLTE VIA.

AL POSTO DI LAVORARE È DI FARE I SERVIZI DI CASA SUA È DI PREUCUPARE DI PIÙ DEI SUOI FIGLI.
DIMMI CARA FIGLIA. DETTA LA GRANDE BOSSA.
TI LO CHIEDO DA PADRE NON PENSI CHE LEI POTREBE AVERE DEI AMICHETTI PER IL LETTO È DIVERTIMENTO. IN DICO PER AMORE È SEX.
È SI LE DONNE SONO COSI. È TI DICO OCCHIO SEMBRE APERTO È FAI ATENZIONE AL MARITO DELLA GRANDE BOSSA.
VIPERA VELENOSA.

CE IL PROVERBIO DICE CHE LE DONNE DA VANTO TI ACCAREZZANO È DI DIETRO TI TRADISCE.

VELOCE COME UNA VIPERA INNAMORATA
È SOLAMENTO UN VERO GRANDO AMORE
FINTO.
PER IL POVERO UOMO. È UNA SOLA
ILUSIONA NELLA SUA VITA.

DONNA È TRADITRICE PER NATURA.

SI SA CHE LA DONNA È VELOCE ANCHE
COME LA VIPERA. È TI FA ANCHE
DAVERO FESSO DAVANTO AI PROPIO OCCHI
TUOI.
FAI VALERE IL TUO POTERE È I TUOI
DIRITTI DA MARITO. È DA PADRE È
SI DICE ANCHE PATRONE.
GIA SI SA CHE LA NOSTRA VITA È CORTA.
È DIFFICILE.
È VEDO CHE STAI LAVORANDO MOLTO
NEI ULTIMI TEMPI. È SEI ANCHE TANTO
NERVOSO È PROUCOPATO.

LO DICE ANCHE LA TUA MAMMA CHE
QUALCOSA NON VA BENE. È MI LA
RIFERITO DI CHIEDERTELO.
CHE COSA CÈ. È PERCHE SEI COSI
PREUCOPATO È MOLTO NERVOSO.
CHIESO IL PADRE DEL MARITO. DETTO

DONNA VIPERA VELENOSA

DELLA BOSSA VIPERA VELENOSA.
SI PADRE È VERO. MA NON VI TANTO
PREMCUPATENE CON LA MAMMA.
È SOLO PER LE BANCHE È UN PO
CON I CHLIENTI CHE NON POSSONO E
NON VOGLIONO ANCHE PAGARE PER
ABITUDINA ITALIANA IN PENSIERO CI
VUOLE ANCHE MOLTA PAZIENZA.
CON IL COMMERCIO.

PER POTERE ANDARE A VANTO VOI
LO SAPETE CHE CIVUOLE TANTO
TEMPO. DOPO DI TUTTO QUEI DISATRI
DEL GRANDO TERREMOTO.
CON IL TEMPO È CON LA BUONA IDEA
È LA VOLONDA DI DIO. SI VA AVANTO.

È GRZIE TANTE PER LA VOSTRA
PREMCUPAZIONE CARI GENITORI.
È SPERIAMO CHE SIA COSI COME DICE
TU. DISSO IL PADRE DELLA DETTO
LA GRANDE BOSSA.
SI IL TEMPO PASSA ANCHE VELOCEMENTO.
È SONO PASSATI GIA NOVE MESI DELLA
GRAVITANZA.
È NATA UNA BELLISSIMA BAMBINA SANA
È SALVE. È TUTTI ERANO CONTENTI E

FELICE IN CASA È I PARENTI DISSERO
È NATA IN UN MOMENTO GIUSTO PER
POTERE ANCHE DIMENTICARE IL BRUTTO
PASSATO DEL TERREMOTO.
È LA CRISA CHE CERA IN FAMIGLIA
È NELLA ZIENTA.

SI FESTEGIAVA PER LA NASCITA
DELLA BAMBINA CON LA SPUMANTE È
LIQUORI VINO È PASTICINI È CON ALTRI
DOLCETTI.
È BELLA MUSICA POPOLARE TRADIZIONA.
COSÌ SI CERCAVO DI DIMENTICARE LA
GRANDE CRISA È I PROBLEMI IN FAMIGLIA.
È TUTTI CONTENTI È FELICE CON TANTO
ALLEGRIA.

SI PENSAVO SOLO A PREPARARE TUTTO
PER IL BATTESIMO.
È DOVEVO ESSERE ANCHE COME I ALTRI
FIGLI BATTEZATI. DI INVITARE AI
PARENTI AMICI E I VICINI DI CASA.
ERA PER DOVE È USANZA È ONORE
DELLA CULTURA ANTICA DEL MEDIVALE
ALLORA TUTTO COME SEMBRE CERA UN
GRANDO BANGETTO ALLA GRANDE.
CON FOTO FILMINO È MUSCA AL VIVO

DONNA VIPERA VELENOSA

A BALLARE FINO A TARDA ORA È TUTTI ERANO CONTENTISSIMI È FELICE ALLEGRIA ANCHE SE ERANO QUASI TUTTI STANGI PER LA LUNGA FESTA DEL BATTESIMO.

AL MATTINO PER DOVERO TUTTI DI FARE LA L'ORA PRESENZA SUL LAVORO. APRIRE IN SANTA PACE IL MAGAZINO È A SERVIRE I CHIENTI CHE ERANO GIA DAVANTO ALLA PORTA COME IL SOLIDO.
È ANCHE SE ERAVAMO MOLTO STANGI PER FESTIGIARE.
È DOPO DI TUTTO QUELLE POLEMICHE TEATRALE DEI GIORNI PRECIDENTI SI CERTAMENTO SI CERCAVO SEMBRE DI DIMENTICARE TUTTO. QUELLO CHE ERA POSSIBILE.

È DI PENSARE SOLO AL COMMERCIO. PER POTERE ANCHE LA BANCA È ALLA FARICA. È A CERCARE DI PIÙ SOLDI CHE ERA POSSIBILE.
PER POTERE TOGIERE IL DEFICITO CHE SI ERA ACCUMOLATO NEL MALO TEMPO DEL TERREMOTO.

DONNA VIPERA VELENOSA

È DI CERCARE SEMBRE A FORZARE I
CHLIENTI DI FARE PAGARE PIÙ PRESTO
CHE ER POSSIBILE.
È DI FARE CAPIRE CHE CERANO ANCHE
LE ALTRE AZZIENTE CHE VOGLIONO I
L'ORO SOLDI PER LA MERCIA CHE
ERANO GIÀ SPEDITO. DI ALCUNE
SETTIMANE FA.
È MI MINACCIANO SEMBRE. SE NON
SONO VERSATO IN BANCA NON MI
SPEDISCONO PIÙ LA NUOVA MERCIA.

CON TUTTI QUEI GRAVI PROBLEMACCI
DI MERCIA È SOLDI. SI CERCAVO
AL QUANDO POSSIBILE.
DI ACCONTENTARE A QUASI TUTTI.
CERTO UN PO ALLA VOLTA.
COSÌ A UNO. È UN PO. ALLA FABRICA
È ALLA BANCA.
CERTO TIPO ALLA ITALIANAMENTO.
SI CERCAVO DI INBATTARE CON TUTTI
PER POTERE ANCHE DI ANDARE AVANTO.

CON TUTTI I CHLIENTI È LA BANCA
È LA FABRICA È CON LE DITTE SI
SEMBRE ALLA ANTICA BUONA VERA
MANIERA.

ROCCO TARANTINO

È COSÌ SI CONTINUO. ANNI PER ANNI.
SI ANDAVO BENE AVANTO ANCHE CON
TUTTO CHE ERA ANCHE CAPITO IL VECCHIO
SISTEMO ANTICO.

DELLA SITUAZIONE DEI TEMPI DI OGGI
È ATTUALI.
DOPO DEL DISASTROSO GRANDO TERREMOTO
CHE ERA CAMPIATO PER TUTTI. IL MODERNO
COMMERCIO SI CERCA DI COLLABORARE
CON TUTTI PER IL MEGLIO CHE È POSSIBILE.
CON LA BANCA È FABRICA È CON I CARI
CHLIENTI È FUNZIONAVO MEGLIO DEL
PREVISTO.

È TUTTI PENSAVANO CHE NON POTEVO
FUNZIONARE. SOLO CON LA COLLABORAZIONE
È COSÌ SI CONTINUO CON DI PIÙ FIDUCIA
DI PRIMO È ANCHE PER NON PERDERE TUTTI
I SOLDI DAI QUASI TUTTI I CHLIENTI CHE
LA SOMMA ERA MOLTO ALTA.
È COSÌ ANNI PER ANNI SI POTEVO ANCHE
LAVORARE BENE. CON TUTTI. CHE SI
PENSAVO È SI DICEVO CON LA GENTA
CHE SIAMO TUTTI CONTENTI CHE FUNZIONA
TUTTO MEGLIO DEL PREVISTO

DONNA VIPERA VELENOSA

ALLA RIUNIONE DEL COMMERCIO ANNUALE.
ERANO ANCHE TUTTI PRESENTI.
E DISSERO VA TUTTO BENISSIMO COSI.
E DI CONTINUARE COSI VIA. NEL FUTURO.

E IN POCHI ANNI IN QUESTO PASSO CHI SIAMO
IN BUONA BILANCIA. COME IL PASSATO E
SENZA DEBITI.
AUGURI E ALZIAMO I BICCHIERI CON IL
BUON PROSECCO INSIEMO A TUTTI SALUTE
E CHE DIO CI LA MANDA A TUTTI BENE
NEL FUTURO.

TUTTI CONTENTISSIMI. DELLA BUONA E
BELLA NOTIZIA. GIORNI PER GIORNI SI
CERCAVO DI LAVORARE SEMBRE MOLTO BENE.
E DI POTERE CONTINUARE COSI SENZA
PAURA DEL DEFICITO IN BANCA E CON
LA FABRICA.
COSI SI CONTINUO A CERCARE I NUOVI
CHLIENTI CERTO A TRAVERSO LA BELLA
PUBLICITA. SIA A PASSA VOCE CON LA BUONA
CONOSCENZA.

E DEL BUONO E BELLO SERVIZIO. CHE
ANCHE LA VECCHIA CHIENTELA FACHEVANO
A PASSA VOCE DEL BELLO SERVIZIO.

ROCCO TARANTINO

È LA DETTO GRANDA BOSSA.
ERA CONTENTISSIMA PER LA VERA BELLA
PUBLICITÀ. CHE SI ERA GIÀ FATTO NEL
PASSATO CHE ERA UN BUONISSIMO NOME.
DEL COMMERCIO.

IL TEMPO PASSAVO VELOCEMENTO CERTO
ERA ARRIVATO LA CRESIMA CHE PER
TRADIZIONE ERA QUASO UN OBLICO. È COSÌ
COME ANCHE PER LA PRIMA COMUNIONE
È UNA TITTATURA DELLA VECCHIA
ANTICA RELIGIONA. NEL MONDO.

CHE I NOSTRI RAGAZZI È ANCHE LE
RAGAZZE. CHE ERANO GIÀ PASSATO L'ETÀ
PER FARE LE COSE PER LE REGOLE DELLA
ANTICA TRADIZIONE ERA GIÀ TARDO PER
I BAMBINI.
ALLA RIUNIONE IN FAMIGLIA SI PARLÒ
PER LA SITUAZIONE DEI BAMBINI CHE
ERANO GIÀ GRANDICELLI PER LA CRESIMA.

LA CUMUNITÀ ERA GIÀ FATTO ANCHE
POLEMICA SUI NOSTRI BAMBINI. È SI DEVE
FARE QUESTE COSE CHE SONO NECESSARIE.
CHE PER IL TEMPO È DELLE ALTRE COSE
CHE ERANO DA FARE È ABIAMO TRASCURATO

DONNA VIPERA VELENOSA

LA CRESIMA È TUTTI ERANO DACCORDO IN FAMIGLIA È DI FARE TUTTO LE BELLE COSE CHE SERVIREBERO PER I BAMBINI. CERTAMENTO ANCHE PER FARE LA BELLA FIGURA IN PAESO È AL RISTORANTE CON TUTTI I INVITATI È CON I PARENTI È I AMICI CERTAMENTO COME IL SOLIDO PASSATO.

SEMBRE FESTA ALLA GRANDE ANCHE PER USANZE È ABITUTINE TRADIZIONALE ANTICA. SI FESTIGIAVO ALLA GRANDE. SEMBRE CON IL GRANDO BELLO BANGETTO. È FOTO FILMINO CON LA BELLA MUSICA AL VIVO.
PER BALLARE È DIVERTIMENTO FINO ALLA TARDISSIMA ORA. È ANCHE QUESTO FU FATTO BENISSIMO COME TUTTE LE ALTRE FESTE DEL VERO PASSATO.

SI CERTAMENTO DI NON DIMENTICARE CHE SIAMO IN SUD'ITALIA.
È LA VERA DOLCE VITA È MEDITERRANEO DEL BUON GUSTO A MANGIARE VINO SPUMANTE È DIVERTIMENTO CON IL SOLE SPIAGGIA E MARE BLU È BELLA MUSICA A BALLARE. CHE È UNA BELLISSIMA COSA PER TUTTI

ROCCO TARANTINO

DONNA VIPERA VELENOSA

COSÌ È ARSVIVENTO. E TUTTI CONTENTI E FELICE. E VIA TUTTI A CASA L'ORO ANCHE DI CERCARA DI POTERE DORMIRE È RIPOSARE AL QUANDO BENE.
AL MATTINO PRESTO ALAVORARE CHE È QUASO UN OBLICO NELLA VITA DI NOI TUTTI SU QUESTO MONDO BLÙ È PURO BELLISIMO.

DISSO LA DETTO GRANDA BOSSA.
COSÌ È STATO È COSÌ È. COSÌ SARA SEMBRE. È GIORNI PER GIORNI SETTIMANE È MESSI ANNI È UNA GRANDISSIMA LOTTA DELLA NOSTRA VERA CARA VITA UMANA PER ETERNAMENTO SU QUESTO PIANETO. CHE È BLU È PURO BELLISIMO.

MA A CHE COSA QUESTO CI SERVIRA TUTTO CHE NOI CI SGOBIAMO È ALLA FINE CHE QUANDO SIAMO MORTO NON CI ABIAMO ASSOLUTAMENTO PIÙ NIENTE.
È LASCIAMO IL SODORO NOSTRO. È IL POTERE AI MILIONARI È AI MILIARDARI.
CHE PENSANO DI POSSEDERE TUTTO IL MONDO NELLE L'ORO PROPIO MANI.
MA MENOMALE CHE ANCHE I RICCHI DEBONO ANCHE TUTTI MORIRE.

È DI LASCIARE TUTTO SU QUESTO PIANETO.
COSI DISSO LA DETTA GRANDA BOSSA.
DOPO CHE ERANO CHIUSO IL MAGAZINO
CON I CARI AMICI È I RAGAZZI.

È PER ADESSO VA BENE COSI. CON TUTTE
QUESTE COSE CHE NOI ABIAMO GIA DETTO
È TEMPO DI ANDARE TUTTI A CASA.
È IO VADO ANCHE A RIPOSARE.
CHE OGGIO È STATO UNA GIORNATA MOLTO
FATICOSA È PESANTA. È SONO ANCHE
STANGISSIMA CARI AMICI.

ALLORA UNA BELLA BUONA-NOTTE È ALLA
PROSSIMA VOLTA. SI CARA BOSSA GRANDE.
È SUBITO TUTTI PARTIRONO CON LE L'ORE
MACCHINE VERSO LE L'ORE CASE.
UN UOMO IN MACCHINA PER LA LUNGA
STRADA VERSO CASA.
SCUSI SAI COME LA PENSI TU QUELLO
TUTTO CHE A DETTO LA GRANDA BOSSA.
DELLA ZIENTA CHE SIAMO STATO FINO A
DESSO.

NO NON CIO PENSATO A TUTTO QUELLE
PAROLE PESANTUCCIE CHE LA DETTA LA
GRANDE BOSSA.

ROCCO TARANTINO

DONNA VIPERA VELENOSA

SI RISPSO UN ALTRO UOMO NOI NON SAPIAMO IN FATTO IL PERCHE NOI VERI UOMINI LAVORIAMO CERTO COME I MULLI E I CAVALLI DI SANGUE FREDDI.

SI È ANCHE VERO CHE SIAMO GRANDISSIMI IGRORANTI SU QUESTE COSE.
MA NON MI PIACENO PER NIENTE QUELLE PAROLE PESANTUCCIE CHE A DETTA LA BOSSA STASERA CARI AMICI.
PENSO CHE QUALCOSA NON VA TANTO BENE. CON LA DETTA GRANDA BOSSA VIPERA VELENOSA.

UN ALTRO UOMO DISSO MA IO NON PENSO ALLE MALE COSE. E VEDI CHE ABIAMO ANCHE FATTE SEMBRE TANTE BELLISSIME RISATE.
È DELLE BELLE RACONDINI È BELLO PASSATO INSIEMO. MA SI A ME RISPOSO UN ALTRO I MACCHINA NON MI PIACE DI QUESTA SERATA BELLA DI TUTTO QUELLA CHE A DETTA LA GRANDE BOSSA.
È SPERIAMO CHE TUTTO NON SARA QUALCOSA DI MALE CARISSIMI AMICI DELLA BELLA COMPAGNIA VERA.
È SAPIAMO CHE CIA ANCHE UNA GRANDE

DONNA VIPERA VELENOSA

FAMIGIA NUMEROSA. È CHE DIO CI LA
MANDERA TUTTO BENE. ALLA DETTA GRADA
BOSSA. VIPERA VELENOSA.

ALLA SEGUENTE MATTINA ERA COME IL SOLIDO
SI LAVORAVO TUTTO IN PACE E TRANQUILLO È
SI ANDAVO BENE.
È ANCHE OGGIO E PASSATO COSI BELLA
QUESTA GIORNATA È COSI ANCHE VELOCE È
SI ANDIAMO CASA NOSTRA. CHE SIAMO ANCHE
MOLTO STANCHI. CHE CERANO TRE AUTOTRENI
PESANTI PIENI DI MERCIA.
SI VA BENE A DOMANI CARI È SALUTAMI LA
FAMIGLIA. VERSO LA TARDA SERA DISSO IL
PIÙ PICCOLO BAMBINO A SUA MADRE LA
DETTA LA GRANDE BOSSA.

MAMMA VADO A VEDERE LA NONNA CHE
DA UN BEL POCO DI TEMPO FUORO
DELLA CASA.
NORMALMENTO È SEMBRE DI QUA È
DI LA CAMINANDO A NAFIARE È ANCHE
A PULIRE LE BELLISSIME ROSE ROSSE È
TANTI FIORI DI LI LA IN TORNO LA CASA.

SI BENE VAI A VEDERE LA NONNA CHE
COSA FA IL PICCOLO SORSO VELOCE DENTRO

ROCCO TARANTINO

DONNA VIPERA VELENOSA

LA CASA È SUBITO DIETO UN GRANDO URLO. E DISSO VIENI CHE LA NONNA È PER TERRA È NON RISPONTE PER NIENTE PIÙ.

IL SUO FIGLIO VERO. IL MARITO DELLA BOSSA. CORSO VELOCE DENTRO LA CASA DIFRONTE AL MAGAZINO E VEDE LA SUA CARA MAMMA A TERRA È SUBITO CHIAMO IL PRONTO SOCCORORSO.
È TUTTI CHE ERANO NEL MOMENTO NEL MAGAZINO PER AIUTO CHE LA MAMMA CHE SEMBRA CHE ERA MOLTO GRAVE È PENSAVO CHE ERA UN INFATTO.

È TUTTI PIANGEVANO GRIDANDO È CERCHIAMA DI AIUTARLA È DIAMOLA L'ASPERINO È LE GOCCIE PER MANTENRE IL SANGUE SUO LIGUIDO.
FINCHE ARRIVA IL PROTO SOCCORSO CHE L'ORO ANNO LE APPARECCHIO È ANCHE PIÙ SPERIENZE. SPECIALMENTI I PICCOLI NIPOTINI ERANO SPAVENTATI È PIANGEVANO GRIDANDO NONNA COSA CI AI È PERCHE NON CI RISPONDI CERCHI DI ALZARTI È DACCI LA MANO PER ALZARTI NONNA. È TUTTI CORREVANO VERSO LA CASA, CHE SI ERA SPARSE LA VOCE.

DONNA VIPERA VELENOSA

MA NON CERANO PIù TANTA SPERANZA
DISSERO I DOTTORI. È PARTIRONO VELOCEMENTO
CON LE SIRENE È LUCE BLù LAMPEGIANTE.
VERSO LA CHLINICA.
LE SPERANZE ERANO MINIME DISSERO I
DOTTORI. PUR TROPPO SIETE ARRIVATO UN
PO TARDO PER POTERE SALVARE VOSTRA
MADRE.
ABIAMO CERCATO DI SALVARE LA VITA
DI VOSTRA MAMMA. CI DISPIACE. MA SI SA
CHE PER NOI TUTTI UOMINI ITALIANI LA VERA
CARA MAMMA È SEMBRE UN GRANDISSIMO
DOLORE PER TUTTO LA NOSTRA VERA VITA.
ALLORA DI ALZARE SEMBRE LA TESTA È CON
I PIEDI A TERRA. LA NOSTRA VITA È COSÌ.

È ORA DI AVVISARE TUTTI A CASA CHE LA
MAMMA FORSE ERA GIA DECETUTA DURANTO
IL TRASPORTO ALLA CHLINICA.
DI AVVISARE A TUTTI IL FAMIGLIA PER IL
LUTTO CHE IL MAGAZINO RESTERA CHIUSO PER
LA MORTA È ANCHE PER I FUNERALI PREVISTO.
È DI AVVISARE IL COMUNO È IL CIMITERO
ANCHE IL PRETE PER LA SANTA MESSA
È DI FARE TUTTO PER I FUNERALI È
ORDINARE LA BARRA È I BELLI FIORI.
È ANCHE IL CORSO CON LE MACCHINE.

ROCCO TARANTINO

DONNA VIPERA VELENOSA

PER L'ULTIMO TRATTO DI ANDARE A PIEDI
PER USANZA E TRADIZIONE ANTICA ITALIANA.
FINO ALLA TOMBA DEL CIMITERO.
CERANO TANTE GENTE SI PUO DIRE TUTTO
IL PAESO PRESENTO.
FU UN FUNERALE TRAGICO PER I FIGLI
E DI PIU PER I PICCOLI NIPOTI CHE
AMAVANO LA NONA.

DI PIU DELLA L'ORA VERA MAMMA.

LA LONTANAZA FA MOLTO MALE E DOLOROSA
PERCIO LE NOTIZIE ARRIVANO ALCUNE ORE
DOPO.
LA BRUTA NOTIZI ARRIVO AL PRIMO
FIGLIO CHE VIVEVO LONTANO DAL PAESO
NATIVO SEMBRE PER MOTIVO DI LAVORO.

FU PER LUI UNA PUGNALATA DATO AL
CUORE SENZA SENZA USCIRE NEPURE
UNA GOCCIA SANGUE E SENZA POROLE.

PER LUI ERA LA MAMMA TUTTO NELLA
SUA VERA VITA.
LA MAMMA SOLO LAMMA E PER UN VERO
ITALIANO LASCIA SEMBRE SOLAMENTE LA
MAMMA CARISSIMA PER TUTTO L'ETENITA.

117

DONNA VIPERA VELENOSA

ANCHE OGGI DOPO LA MORTA DELLA SUA
CARA MAMMA PORTA AL CIMITERO SEMBRE.
LE ROSE ROSSE E I FIORI E CANDELE DI
CERA.
LUI SI RICORDA ANCORA OGGIO CHE LA
SUA MAMMA AMAVO TANTISSIMO LE ROSE
E FIORI.
CHE ERANO STATO PIANTATI IN TORNO ALLA
BELLA L'ORO CASA. CHE ERANO FABRICATO
CON TANTO SUDORO E MOLTO SACRIFICI.
NELLA SUA VITA INSIEMO AL SUO MARITO
E I FIGLI NELLA L'ORO GIOVENTU.

PUR TROPPO NON È SERVITO A NIENTE.
A FARE TUTTI QUEI GRANDI SAGRIFICI.
NELLA SUA VERA VITA.

OGGIO SI VEDE CHE È TUTTO PERSO IL SUO
GRANDO SUDORO E I SUOI SAGRIFICI FATTO.
NEL PASSATO.

DISSO LA BOSSA VIPERA VELENSA.
SI DEVE AL QUANDO POSSIBILE CHE SARA
DI TORNARE ALLA NORMALITA IN FAMIGLIA
E CON IL COMMERCIO E DI APRIRE IL
MAGAZINO PER I CARI CHIENTI. DI COME
ERANO STATO ABITUATO NEL PASSATO.

ROCCO TARANTINO

DI AVVISARE ANCHE LA FABRICA CHE IL NOSTRO MAGAZINO È DI NUOVO APERTO DI SPEDIRE LA MERCIA COME I SOLIDO.

ERA ANCHE UNA BUONA IDEA A LAVORARE PER CERCARE A DIMENTICARE LA BRUTTA TRAGEDIA CHE ERA SUCCESSO AL'IBROVISO.

DISSO LA DETTA GRANDE BOSSA.
VIPERA VELENOSA.
CERTO GIONI PER GIORNI COME ANTE PRIMO LA LOTTERIA CONTINERA PER TUTTI NOI NEL BRUTTO MOMENTI. E PER IL BELLO AVENIRE CON LA FAMIGLIA È ANCHE PER LA NOSTA ZIENTA.

A CERCARE SEMBR DI SOPRA A VIVERE.
E DI NON PENSARE ALLE COSE MALE CHE ERANO GIA SUCCESSO.
FINALMENTO SI ANDAVO BENE GIONI PER SETTIMANE È MESI COSI PASSARONO ANCHE MOLTI ANNI BUONI BELLI È MOLTO TRANQUILLI.
ANCHE IL NEGOZIATO ANDAVO BENE E COME I ALTRI AFARI ANDAVONO ANCHE DISCRETAMENTO BENE.
SI CERTAMENTO SI PUNTAVO TUTTO SUL

GRANDO PREMIO. CHE TUTTI I ANNI SI METTEVO PER LA GRANDE GARA. CERTAMENTO SOLO LA FABRICA PER ANCHE SFIDARE TUTTA LA PENISOLA È SUE ISOLE.

PER LA DETTA GRANDA BOSSA. IL SECONDO POSTO NON ERA MALISSIMO MA DISSA LA VIPERA VELENOSA. CHE VOLEVA A TUTTI I COSTI IL PRIMO GRADINO PIÙ ALTO CHE CÈ. CERTO È IL PRIMO PREMIO NIENTE ALTRO.

È LA DETTA BOSSA GRANDA DISSA A SOLTATEMI UN ATIMINO SOLO. PROSSIMANTO SARO IO SUL GRADINO PIÙ ALTO A PRENDERE IL PRIMO PREMIO DELLA PENISOLA. CHE IO SONO SMERCIATO MOLTA MERCIA DI PIÙ DI TUTTI VOI PRESENTI.

CERTAMENTO ERA ESATTAMENTO QUELLO CHE VOLEVANO SENTIRE LA FABRICA PER ANCHE CERCARE DI PIÙ CONCORENZA PER FARE SMERCIA PIÙ MERCIA A TRAVERSO I NEGOZIANTI È A CERCARE COSI ANCHE AUTOMATICAMENTO PIÙ GUADAGNO PER LA FABRICA.

DONNA VIPERA VELENOSA

È CI FÙ UN GRANDISSIMO APLAUSO
DALLA PARTA DE MAFIOSI DIRIGENTI DELLA
FABRICA. PER IL BELLO IDEA.

DELLA DETTA GRANDE BOSSA. FAMOSA
VIPERA VELENOSA.
I DIRETTORI DISSERO ALLORA È ACHE ORA
DI SALUTARE A TUTTI I CARI PRESENTI
CON IL FAMOSO NOSTRO PROSECCO.
AI TRE PRESENTI È BRAVISSIMI UOMINI.

DAL PRIMO PREMIO AL SECONDO È IL
TERZO PREMIATO.
SIETE STATO PER NOI TUTTI BRAVI È
DI NUOVO TANTI AUGURI È SOPRA A TUTTO
LA SALUTE CARI. CON IL BICCHIER ALTO
DI PROSECCO È A PLAUSI A TUTTI.

LA GRANDE BOSSA VIPERA VELENOSA.
AL'INPROVISO PRSO UN BICCHIERO È
BATENTO CON LA FORCHETTA SUL BICHIERO
È CHIESO PER UN MOMENTINO DI ATTENZIONE
A TUTTI QUI PRESENTI IN SALA.
È ANUCIO AI BRUTTI SIGNORI DELLA
FABRICA. CHE CI DAREBERO PER FAVORE
UNA BUONA MANO A TUTTI NOI
COMMERCIALISTI.

DONNA VIPERA VELENOSA

SIA PER LA PARTE TECNICA È LOGISTICA
PER POTERE ANCHE SMERCIARE PIÙ
PRODOTTI. CHE SAREBE ANCHE DI PIÙ
GUADAGNO PER NOI E PER LA FABRICA. È
POSSIBILMENTO DI METTERE ANCHE UN
BELLO PICCOLO PREMIO. IN PAIO CERTO
IN SIEME AI TRE PREMIO DEL'ANNO.

PODREBE PER ESENBIO ESSERE UNA DELLE
MASERATI GRANDE BELLISSIMA ROSSA.
CHE TUTTI NOI DA BAMBINI SOGNEVAVO E
SAREBE UNA BELLISSIMA VERA GARA VERA.
È ANCHE UNA SFIDA PER TUTTI NOI
DISTRIBUTORI.
E ANCHE PER LA FABRICA CI PARA ANCHE
PIÙ GUADAGNO ALLA FINE DEL'ANNO.

FINALMENTO SI ALZO IL CAPO DELLA
FABRICA È RISPOSO SI È UNA BELLISSIMA
GRANDE IDEA.
MA IO PENSO PERSONALMENTO DI SI. E MILLE
GRAZIE A TUTTI VOI QUI PRESENTI.
AL PROSSIMO ANNO E ANCHE CON LA GRANDE
AMATA ROSSA. È SPERO PER TUTTI VOI.

IL SEGUENTO GIORNO VIA VELOCEMENTO
ALLA SUA ZIENTA. È DISSO LA BOSSA

ROCCO TARANTINO

DONNA VIPERA VELENOSA

VIPERA VELENOSA. AI SUOI OPERAI È ALLA FAMIGLIA CHE ERANO PRESENTI.
CHE QUSTO ANNO È STATO SOLAMENTO IL SECONDO PREMIO. DI TUTTA LA PENISOLA.
ERANO QUASI TUTTI CONTENTI PER IL L'ORO LAVORO È DELLA BELLA GENTILEZZA.
È LA PRESTAZIONE DEL BEL SAPERE FARE CON I CARI CHLIENTI.

È MILLE GRAZIE A TUTTI VOI CARI.

MA CE ANCHE UNA BELLISSIMA COSA CHE GIA ALCUNE VOLTE ABIAMO DETTO DI CERCARE SEMBRE DI CERCARE IL GRANDO PREMIO SUL GRADINO PIÙ ALTO CHE CE. PER IL PROSSIMO ANNO.
CERTAMENTO TUTTI NOI VOGLIAMO PRENDERE IL PRIMO PREMIO È ANCHE

LA BELLA ROSSA CHE È SUL PODIO.

È ALLORA CARI DI PIÙ GRINDA CON TANTA ALLEGRIA VERSI I CARI CHIENTI CAPITO TUTTI CHE DOBIAMO PRENDERE A TUTTI I COSTI.
LA GRANDE MASERATI LA BELLISSIMA

DONNA VIPERA VELENOSA

È SI CERTO LA VOGLIAMO LA GRANDA
ROSSA BELLISSIMA ELEGANTE.
COSI ALLA DOMENICA È ANCHE GIONAV
FESTIVI POSSIAMO FARE NOI TUTTI
DELLA ZIENTA GIRARE PER I PAESI È
NELLE BELLE CITTÀ D'INTORNO.

SI CARA È PROPIO QUESTO CHE NOI
ASSOLUTAMENTO VOGLIAMO È ANCHE
DIMOSTIRARE CHE SIAMO BRAVISSIMI
LAVORATORI È ABIAMO LOTTATO TUTTI
IN SIEEI ALLA GRANDE PER IL PRIMO
GRANDO PREMIO.
È ANCH PER LA GRANDE BELLISSIMA
AMATA ROSSA.

SI È SI ALLA DETTA GRANDA BOSSA
VIPERA VELENOSA.

LA GRANDE VERA BATTAGLIA INIZIERA
DA DOMANI INPOIO PER TUTTI NOI
GIORNI È NOTTE SETTIMANE È MESI.
A CONQUISTARE LA CARA BELLISSIMA
ROSSA.
DI POTERLA TOCCARE CON LE VOSTRE
PROPIO CARE MANI.
È ANCHE ACCAREZARLA TUTTI QUEI

ROCCO TARANTINO

DONNA VIPERA VELENOSA

CHE LAVORONO GIÖN È NOTTE IN QUESTA ZIENTA. DOPO DI TANTO LAVORO È SUDORO È SONNO PERSO.

FINALMENTO SI ARRIVO ANCHE ALLA FINE DEE'ANNO. CHE ERA TANTO DESITERATO DA TUTTI CERTO PER IL GRANDO PREMIO.

È ANCHE SE CERA LA GRANDE BELLISSIMA ROSSA IN PAIO.
IL GIORNO DEL ANUCIO DEL PREMIO ERANO TUTTI CURIOSISSIMI. AL'APPELLO LA VIPERA VELENA DISSO.
NON VEDO PROPIO NIENTE MESSO SUL PODIO. LA PROMESSA GRANDE BELLA ROSSA.

SI VEDIAMO VEDIAMO SOLAMENTO I TRE PREMIO COME TUTTE LE ALTRE VOLTE SUL PODIO.
È PENSO CHE NON È STATO ACCETATO DALLA BRUTTA MAFIONCELLA FABRICA.
È RISPOSO IL MARITINO È ANCHE PECCATO È UNA GRANDE VERGOGNA PER LA POVERA FABRICA.
SE AVRANNO DECISO PROPIOAMENTO COSI.
È ANCHE UN GRANDO DISPIACERE PER

TUTTISSIMI. NOI NEGOZIANTI È ANCHE
PER TUTTI I BRAVISSIMI OPERAI CHE
ANNO LAVORATO E SUDATO TANTISSIMO.
PER LA BELLA ROSSA. SI È SI CARO
CARO TESORO È UN GRANDO SCIAFO
MORALE PER TUTTI NOI PRESENTI.
È ANCHE PER I BRAVI RAGAZZI CHE
CORREVAVONO COSI SEMBRE CONTENTI
È ALLEGRI PER LA BELLISSIMA ROSSA.

LA DETTA GRANDA BOSSA DISSO TUTTA
NERVOSA È ARRABIATISSIMA. È VEDIAMO
CHE COSA DICONO I BRUTTI CAPORALI
DELLA FABRICACCIA.

ALLA APERTURA DELLA FABRICA PER
IL CONGRESSO DEL'ANNO FU COME IL
SOLIDO. È TUTTI IN PIEDO È CERA UN
PICCOLO A PLAUSO.
È SUBITO TUTTI ASSEDERE È UN SILENZIO
ASSOLUTO COME LE MOSCE A MASCA.

IL CAPO DELLA FABRICA. È DISSO DOPO
DI UN PO. DI ALCUNI MINUTI. PASSATI
È CUASO SOPRESO DELLA MALA FACENTA
IN SALA. È SCUSATE CHE COSA CÈ.
RISPOSO UN SIGNORE SEDUTO IN PRIMA

DONNA VIPERA VELENOSA

FILA È DISSO VEDIAMO CHE MANGA
LA BELLA FAMOSA PROMESSA ROSSA
DALLA FABRICA.
È NON CREDIAMO CHE TUTTI VOI VI
AVETE DIMENTICATO LA PROMESSA.

È PENSATO CHE TUTTI NOI È ANCHE I
POVERI OPERAI CHE ABIANO TANTO LOTTATO
È TANTISSIMO SUDATO PER NIENTE.

È VOI FATE FINTO PROPIO DI NIENTE. È SI
VEDE ANCHE DELLA MERCIA CHE È STATO
ANCHE VENDUTA TANTISSIMA.
È SCUSATE SE CE UNA ESATTE SPIEGAZIONE
PER TUTTI NOI QUI CHE SIAMO PRESENTISIMI.
È COME ANCHE PER I POVERI RAGAZZI.
CHE NON POSSONO ESSERE PRESENTI PER
MOTTIVO DI LAVORO.

RISPOSO IL CAPORALE DELLA BRUTTA
FABRICACCIA.
MA CI DISPIACE NON SO IL PROBLEMA È
PER LA PUBLICITA DELLE ALTRE CONCOREZZA.

MA NON PUO ESSERE RISPOSO UNO DALLA
SALA. CHE NON LA BELLA ROSSA È QUI
NON PRESENTE PER POTERLA DOCEMENTE

ACCAREZZARLA. È VA BENE SI SA CHE
SIETE SFRUTTATORE. RISPOSO ANCHE
UN ALTRO SIGNORE DALLA SALE GRANDE.
È SIAMO ANCHE ABITUATE ALLE VOSTRE
GRANDE BUGIE.

MA NON FA NIENTE CI LA FACCIAMO ANCHE
VEDERE SENZA DI QUESTI UOMINI DELLA
FABRICACCIA CHE ANCHE SENZA DI L'ORO
CHE SIAMO CAPACE DI CONBRARE NOI
LA BELLISIMA AMATA ROSSA.
È SOLAMENTO CON IL SAPERE FARE È NOSTRO
SUDORO.
AL MOMENTO ERANO TUTTI INPIDI È CI FÙ
UN GRADISSIMO URLO NELLA SALA E UN
APLAUSO PER ALCUNI MINUTI.

SI CARA GRANDA BOSSA VIPERA VELENOSA.
È QUESTO CI LO FACCIAMO VEDERE NOI
PROSSIMAMENTE.
È COSI FINI AL MOMENTO. CHE ERA ANCHE
L'ORA DEL GRANDO BANGETTO PER CERCARE
DI DIMENTICARE DELLA MANGATA BELLA
PROMESSA DELLA VERA ROSSA.

CETAMENTO CHE DOPO IL BANGETTO C'ERA
ANCHE L'ANUNCIO DEL GRANDO PREMIO

COME IL SOLIDO TEMPO PASSATO. È TUTTI IN SILENZIO È ANCHE CURIOSAMENTI A CHI ANDAVO IL PRIMO GRADO PREMI DELLA PENISOLA INSILENZIO È OCCHI LUCIDI APERTI È CURIOSAMENTI A CHI ANDAVO ASSEGNATO IL PRIMO PREMIO DEL'ANNO.

ALLORA QUESTA VOLTA IL TERZO PREMIO VA ALLA REGIONE DEL CENTRO ITALIA È UN APLAUSO PER I BRAVI RAGAZZI.

IL SECONDO PREMIO. VA QUESTA VOLTA AL NORD ITALIA DISPIACEVOLMENTE. È APLAUSI PER QUSTI BRAVI RAZAZZI. PER IL SOLO SECONDO GRADINO.

È IL PRIMO PREMIO. È VA ALLA REGIONE DEL SUD. È ANCHE GIUSTO CHE PER ALCUNI ANNI SONO LAVORATO SEMBRE ALLA GRANDE.
È SONO STATO ANCHE BRAVISSIMI È ANNO INIZIATO COME SI SA DA ZERO.

È OGGIO POSSIAMO ANCHE DIRE TUTTI INSSIEMO PER IL PRIMO GRADINO PIÙ ALTO CHE CÈ. È UN GRANDISSIMO VERO APLAUSO

DONNA VIPERA VELENOSA

A QUESTI BRAVISSIMI RAGAZZI
DEL SUD. È APLAUSI.
È CI FÙ UN GRANDO URLO DALLA
SALA GRANDA. È DOVE È LA PROMESSA
BELLISSIMA ELEGANTA ROSSA.

IL DIRETTORE RISPOSO NON È STATO
POSSIBILE RER MOTIVO DEL COMMECIO
LA DESITERATA VOSTRA ROSSA.

È OGGIÒ POSSONO DIRE CON UN
GRANDO ORGOGLIO CHE SONO SUL BEL
GRADINO PIÙ ALTO CHE CÈ.
È ANNO IL PRIMO DGRANDO PREMI IN
MANO.
È TUTTI IN PIEDI È UN GRANDISSIMO
APLAUSO PER QUESTI BRAVI RAGAZZI È
SI VEDE CHE CI L'ANNO ANCHE MESSO TUTTO
LA L'ORO ENERGIA CHE ERA POSSIBILE PER
IL GRANDO PREMIO. È SUL GRADINO PIÙ
ALTO CHE CÈ.

È DI NUOVO UN FORTISSIMO APLAUSO
PER TUTTI I RAGAZZI PREMIATI.
DISSO IL CAPO DIRETTORE. DELLA FABRICA.
LA VITA PUR TROPPO È COSI CARI.

ROCCO TARANTINO

DONNA VIPERA VELENOSA

AL'IMPROVISO SI ALZO LA DETTA GRANDE BASSA VIPERA VELENOSA.

È DISSO PER FAVORE UN MOMENTINO DI SILENZIO PER CORTESSIA CARI COLLEGI È SOPRA A TUTO TANTISSIMI AUGURI PER I STATI PREMIATI AMICI È MILLE GRAZIE A TUTTI VOI CARI PRESENTI.

MA SAPETE CHE PROPIO IN QUESTO MOMENTO ABIAMO TUTTI NOI INSIEMO LA REGIONE DEL SUD.
CHE LA BELLISSIMA ROSSA LA COMBRIAMO. NOI
DISSO LA GRADE BOSSA VIPERA VELENOSA.

È ANCHE PER FARE MOTIVARE È DI INCORAGIRE I BRAVI RAGAZZI PER FARE DINUOVO IL PRIMO PREMIO DEL'ANNO È SI SA GIA. CHE E MOLTO DIFICILE.

MA CI LA FACCIAMO SOLAMENTE VEDERLA. CHE ANCHE SENZA DELLA L'ORA VOLONTA. ABIAMO ANCHE COMBRATO LA GRANDE BELLA ROSSA MASERATA.
MA CERTAMENTO CI LA FAREMO SOLAMENTO

DONNA VIPERA VELENOSA

VEDERLA DA LONTANO. MA NON LA DEVONO
TOCCARLA. È SI BRAVA GRANDA BOSSA
VIPERA BRAVA.
DOPO DI TUTTO LA BELLA FACENTA. ERA
L'ORA DELLA SOLIDA CEREMONIA.
ERA COME SEMBRE. SI MANGIAVO È SI
BEVEVO ALLA GRANDE.
FINO ALLA FINE DELLA GRANDE FESTA.

SI BALLAVA È SI RIDEVA PER FINO A UNA
TARDA ORA PER SVAGARE. È TUTTI ERANO
FELICE È CONTENTI.
ANCHE BELLO PER TORNARE ALLA L'ORA
VECCHIA TANA.
ANCHE COMO FANNO LE VECCHIE VOLPE.

LA GRANDA BOSSA VIPERA VELENOSA.
CERTAMENTO ERA TUTTA CONTENTA È
FELICE PER FARE VEDERE IL GRADO
PREMIO PRESO ALLA FAMIGLIA.
È CERTO ANCHE AI SUOI CARI OPERAI.
CHE ANCHE CON LA L'ORA GRANDE
GENEROSITA SUL LAVORO È CON IL L'ORO
GRANDO INPEGNO SUL LAVORO È IL
COMMERCIO SI ERA RIUSCITO IN POCHINI
ANNI A PRENDERE IL PRIMO GRANDO PREMIO.
DELLA PENISOLA DEL' SUD MEDITERRANEO.

ROCCO TARANTINO

DONNA VIPERA VELENOSA

DISSA SIETE TUTTI BRAVISSIMI RAGAZZI
È DI CONTINUARE SEMBRE COSI È VIA.
DOMANI ANCHE A VEDERE I DIRETTORI
È IL CAPO PATRONE DELLA SUA FABRICA.

NOI SIAMO ANCHE INGRADO DI COMBRARLA
NOI LA ROSSA BELLISSIMA MASERATI È
ALLA DOMENICA È ANCHE I GIORNI
FESTIVI È POSSIAMO FARE DEI BELLI
GIRI.
CON LA GRANDE NOSTRA MASERATI ROSSA.

È FACCIAMO ANCHE VEDERE A TUTTI CHE
SIAMO STATI MOLTO BRAVI SUL GRANDO
COMMERCIO.
È TUTTO ERANO CONTENTISSIMI PER
IL GRANDO PREMIO CHE ERAVAMO PRESO È
PER LA SOPRESA BELLA DETTO DALLA
GRANDE BOSSA VIPERA VELENOSA.

È I RAGAZZI DISSERO È GIA DA DOMANI
IN POIO DI NUOVO AL' ATACCO CON MOLTA
GRINTA E CORAGGIO E CON ALLEGRIA È DI
CONTINUARE SEMBRE COSI SEMBRE PER
GIORNI È NOTTE PER MESI È COSI VIA
SEMBRE.
ALCUNI GIORNI DOPO AL'INPROVISO LI

VENNO AL PADRE UN MALORA DELLA BOSSA VIPERA VELENOSA.
È SUBITO FU PORTATO ALLA CHINICA PIÙ VICINO.
AL PRONTO SOCCORSO VERIFICARE CHE COSA ERA SUCCESSO.
È DOPO LA VISITA IL DOTTORE DISSO MI DISPIACE DEVE LASCIARE QUI PER ANCHE COSA BISOGNA FARE PER IL SUO CARO PADRE.

LA BOSSA DISSO. SI VA BENE DOTTORE. PER FAVORE CERCATO DI FARE TUTTO IL MEGLIO CHE SARA POSSIBILE.
IL GIORNO DOPO LA SUA FIGLIA. DETTA LA BOSSA VIPERA VELENOSA. IL DOMANDO IL GIORNO DOPO AL DOTTORE COME ERANO LE ANALISI. RISPOSO IL DOTTORE.
LE ANALISI NON SONO TANTO BENE DEL SUO CARO PADRE. PENSO IO CHE SARANNO POCHINI GIORNI DELLA SUA VITA SU QUESTO MONDO.

LA SUA FIGLIA BOSSA VIPERA VELENOSA DICENTO HO MIO DIO MIO PROPIO ADESSO QUESTO NON CI VOLEVO PROPIO QUESTA

ROCCO TARANTINO

DONNA VIPERA VELENOSA

BRUTTA MALISSIMA NOTIZIA. CHE CI ABIAMO MOLTO LAVORI NELLA NOSTRA AZIENTA DA SVOLGERE.

MA IL PROVERBIO DICE ANCHE CHE QUANDO È ARRIVATO IL VERO MOMENTO LA LUCE DELLA CANDELA SI SPEGNERA. È L'ANIMA SINE ANDRA IL CIELO DAL NOSTRO DIO.

È ANCHE SE NON È TEMPORANIAMENO DA VERO DESIDERATO.
MA DOPO DI ALCUNI GIORNI DECEDETTO IL PADRE.
DELLA BOSSA VIPERA VELENOSA.
È CERA UN GRANDO DISPIACERE IN TUTTA LA GRANDE FAMIGLIA PER LA MORTA INPROVISA DEL SUO CARO PADRE.
È ANCHE PER I CINQUE PICCOLI NIPOTI CHE PER L'ORO IL CARO NONNO NON SARAI PIÙ PRESENTO. TU CI MANGERAI A TUTTI NOI MOLTISSIMO NONNO.

È SÌ È LA VERA VITA. DI TUTTI NOI SU QUESTO PIANETO BLU È PURO TANTO BELLISSIMO A VIVERE QUI SU.
È SIAMO ANCHE COME I UCCELLI CHE

DONNA VIPERA VELENOSA

CHE VENGONO E VANNO SU UN ALTRO
CONTINENTO A VIVERE DOVE È CALDO.

E I FIGLI DEL DECETUTO E ANCHE CON
TANTISSIMI GRAVI DOLORI NE L'ORO CUORE
E ANCHE TUTTI I PARENTI E PAISANI.
CHE LUI ANCHE UNA PERSONA MOLTO
CONOSCIUTO E BRAVO AMATO DA TUTTI IN
PAESO NATIVO.
ERA ANCHE UN GRANDO LAVORATORE
DEL PAESO.

DOPO DI TUTTO QUESTA VERA SPIEGAZIONE

LA GENTE SI MISERO BRAVAMENTO TUTTI
IN FILA PER DARE LE L'ORE ONOREVOLE
CONTIGLIANZE A TUTTA LA FAMIGLIA
DE POVERO MORTO.
E DOPO SI ANDAVO TUTTI CON CALMA
ALLE L'ORE PROPIE CASE.

IL GIORNO SEGUENTE IN GRAZIE DI DIO
E TUTTI A LAVORARE ANCHE SE ERAVAMO
TUTTI UN PO TRISTE E DEMORALIZATI E
ANCHE PER LA MANGANZA DEL PADRE.
SI CERCAVO DI LAVORARE PER IL MEGLIO
CHE ERA POSSIBILE ANCHE PER POTERE

ROCCO TARANTINO

DONNA VIPERA VELENOSA

DIMENTICARE LA MORTA DEL NOSTRO CARO.
È CERCARE DI NON PERDERE I CHLIENTI
SOPRA A TUTTO DI NON DIMENTICARE CHE
CERA ANCHE UNA GRANDISSIMA VERA
RISPONSABILITA.

CHE SIA PER LA ZIENDA È ANCHE PER
LA NUMEROSA FAMIGLIA CHE CERA DA
PORTARE AVANTO.
È LO DICEVO ANCHE SEMBRE IL SUO CARO
PADRE. PRIMO DELLA SUA MORTA.
ANCHE PER QUESTO ERA UNA GRANDE
MOTIVAZIONE PER TUTTI IN FAMIGLIA.
È ANCHE PER CHI CHE LAVORAVANO NELLA
ZIENTA.

È COSÍ SI CERCAVO SEMBRE DI CONTINUARE
A LAVORARE COME SEMBRE FINO A TARDA
ORA COME IL SOLIDO PASSATO TEMPO ERA
ANCHE PER AUMENTARE L'INCASSO DEGLI
ANNI PRECEDENTI.
PER POTERE ANCHE ORDINARE LA ROSSA
FAMOSA BELLA MASERATI.
CHE TUTTI SOGNEVAMO DA BAMBINI.
È SAREBE BELLO UN GIORNO DI POTERLA
ANCHE GUIDARLA LA FAMOSA BELLISSIMA
ROSSA.

DONNA VIPERA VELENOSA

CERTAMENTO DI FARE TUTTO IL POSSIBILE
DI POTERLA ORDINARE. LA BELLISIMA
MACCHINA ROSSA.

A UNA BELLA TARDA SERA DISSO AI CARI
RAGAZZI SENTITO PER FAVORE DOMANI
NON SONO PRESENTO NEL MAGAZINO.
E QUESTE SONO LE ORDINAZIONE CHE
SONO ARRIVATO PER TELEFAX.
E DOMANI CE LA MERCIA QUESTA SOLA DA
CONSIGNARE.

MI RACCOMANDO DI FARE TUTTI MOLTO
ATENZIONE SPECIE CON I CHLIENTI DI
SERVIRLI CON CAUTELA.

INCASO DELLE COSE CHE SONO URGENTE
IL TELEFONINO SARA SEMBRE ACCESO.

LA BOSSA DISSO ALLA DARDA SERA IN
CASA AL CARO SUO AMORE. SAI DOMANI SE
VUOI HO NON VUOI DEVI ASSOLUTAMENTE
ESSERE A CANDO A ME.
PER UN BELLO AFARO. SI E DIMI CHE
AFARO CE DA FARE. AMORE MIO DIMI.
SARA UNA BELLA SOPRESA. E POIO SAI
CARO AMORE A PASSARE UN PAIO DI

ROCCO TARANTINO

DONNA VIPERA VELENOSA

GIORNI FUORI DI CASA E LONTANO DALLA NOSTRA ZONA. CI FARA ANCHE BENE A NOI DUE COSI DOPO DI TANTE ORE DI SUPER STRADE ANCHE DI AUTOSTRADA DEL SOLE VERSO IL NORD.

LA BOSSA VIPERA VELENOSA.
DISSO CARO AMORE ADESSO CHIUDI GLI TUOI OCCHI E APRELI QUANDO TI LO DICO IO E ADESSO SIAMO SUL POSTO.
APRI I TUOI OCCHI. ECCO LA VERA SOPRESA.
ERA UN SOGNO PER NOI. E DIVENTATO VERISSIMO CARO AMORE MIO.

LA ROSSA MASERATI E VEDI E LA BELLISSIMA. CHE NOI DA BAMBINI SEMBRE SOGNEVAMO.
ECCO LE CHIAVE PER FARE UN GIRO DI PROVA IN SIEMO. E DOPO CE UN PICCOLO RINFRESCO NEL RISTORANTE FAMOSO NEL MONDO DELLA MASERATI.

AL MOMENTO DELLA PARTENZA IL SIGNORE DELLA FABRICA SCUSATE UNA PICCOLA COSA SOLA.
QUANDO SIETE PER LE STRADE IN

DONNA VIPERA VELENOSA

ITALIA CON LA GRANDE BELLA ROSSA
POTETE ANDARE TRANQUALAMENTO
VELOCE CON LA MASERATI.

E TUTTI VI SALUTANO E VI APLAUDONO
E FARANNO ANCHE STRADA LIBERA.
E LA POLIZIA STRADALE VI FARA ANCHE
STRADA LIBERA. COME IL SOLIDO.
CHE PER L'ORO E UN ONORE DI POTERE
VEDERE UNA BELLISSIMA MACCHINA COSI
FAMOSA PER LA STRADA.
E DI APLAUDIRE CON ORGOGLIO.

IL MARITO DELLA BOSSA VIPERA VELENOSA
ALLORA CARA AMORE. TU GUIDERAI LA TUA
VECCHIA MACCHININA. E IO VADA CON LA
BELLA GRANDE ROSSA.

PER FARE IL BUONO ROTAGGIO TECHNICO
E FARE VEDERE LA VERA PROMESSA A
TUTTI I RAGAZZI E LA NOSTRA FAMIGLIA.
ECCO LA PROMESSA E DIVENTATA VERISSIMA.
E NON E PIU UN SOGNIO CHE NOI DA
RAGAZZINI SOGNEVAMO.

E ORA LA POTETE NON SOLA GUARDARLA
MA ANCHE TOCCARLA E ACCAREZZARLA.

ROCCO TARANTINO

DONNA VIPERA VELENOSA

CON LE VOSTRE PROPIE MANI. È SEDERVI
ANCHE DENTRO. È TUTTI A BATTERE LE
MANI DICENTO BRAVA È BRAVA CARA
BOSSA VIPERA VELENOSA.
SEI STATA DI PAROLA. LA TUA PROMESSA È
ORA È DA VANTI A NOI TUTTI.

ANCHE CHE LA FABRICA NON LA VOLUTO
METTERLA PER EXTRA PREMIO IN PAIO
CI LABIAMO LO STESSA IN FAMIGLIA LA ROSSA.

È ORA FESTA CON TANTO PROSECCO È VIVA
LA ROSSA È TANTISSIMI AUGURONI È FELICITÀ
È CON GRANDE GIOIA È BENVENUTA IN
FAMIGLIA.
È VIVA È VIVA LA BELLA ROSSA MASERATI

È VIA CON LE FOTO È FILMINO FESTA
FINO A TARDA SERA A FESTEGIARE.

UN ANNO DOPO ALLA SOLIDA PRSENTAZIONE
DEL PREMIO DEL' ANNO NUOVO IN FABRICA
CERTAMENTO SI INIZIO COME IL SOLIDO
PASSATO.
È COSI VIA CON IL TERZO PREMIO VA
QUESTO ANNO ALLA PENISOLA DEL SUD
MEDITERRANIO. È A PLAUSI PER QUESTI

DONNA VIPERA VELENOSA

BRAVI RAGAZZI APLAMSI

IL SECONDO PREMIO VA AL NORD NELLE BELLE ALPI. È UN APLAMSO PER TUTTI QUESTI BRAVI RAGAZZI.

È IL PRIMO GRANDO PREMIO VA COME IL ORSO ANNO ALLA REGIONA DEL SUD ALLA AMATO MEDITERRANEO.
CHE L'ANNO CERTAMENTO GUADAGNATO CON SUDORO E ORGOGLIO È UN GRANDO APLAMSO A TUTTI QUESTI BRAVI RAGAZZI.

MILLE GRAZIE MILLE PER IL VOSTRO BELLO LAVORO APLAMSO A TUTTI VOI E ANCHE AI BRUTTI DIREGENTI DELLA FABRICA.

LA BOSSA VIPERA VELENOSA.
CHIESO PER UN MOMENTINO A TUTTI I CARI SIGNORI E SIGNORE.
PER SOLO UN PICCOLO AVVISO. CHE LA PROMESSA VERA SOPRESA DEL'ANNO SCORSO STA GIA PROBIO FUORI DA VANTO ALLA ENTRADA DELLA GRANDE SALA.

MA LA POTETE SOLAMENTO ANCHE GUARDARE E NON ACCAREZARLA PER LA SUA BELLEZZA ESTETICA LINEA FAMASA NEL MONDO.

ROCCO TARANTINO

DONNA VIPERA VELENOSA

DOPO DI TUTTO LA PRESENTAZIONE DELLA VERISSIMA BELLA SOPRESA E TUTTI IN SALA APLAUDIVANO FORTEMENTO PER LA BELLA ELEGANTE ROSSA.

E COSÍ SUBITO VIA COME IL SOLIDO PASSATO CON LA BELLA MUSICA AL VIVO CON IL GRANDISSIMO BANGETTO.
CHE E APERTO PER TUTTI FINO A TARDA ORA. A MANGIARE E BERE E A BALLARE.

CERTAMENTO IL GIORNO DOPO CON IL MALO DI TESTA E ANCHE MOLTO STANGO PER LA GRANDE FESTA.
E COME IL SOLIDO BISOGNAVE ANCHE DI APRIRE IL MAGAZINO CHE ERA ANCHE UN OBLICO PER TUTTI NOI DEL COMMERCIO.
E TUTTI ERANO CONTENTISSIMI PER IL PRIMO GRANDO PREMIO PRESO COSEQUITIVO.

LA GRANDE BOSSA VIPERA VELENOSA.
E LA SUA FAMIGLIA E I RAGAZZI CHE PER LA SECONDA VOLTA ERANO ANCHE CONQUISTATO IL PRIMO POSTO.
IL GRADINO PIÙ ALTO CHE CERA. MA IL PROSSIMO ANNO DOBIAMO SENZALTRO MOLTO DI PIÙ LAVORARE.

DONNA VIPERA VELENOSA

DISSO LA GRANDE VIPERA VELENOSA
CARI RAGAZZI SAPETE CHE LA CONCORENZA
NON DORMIRA NE AL GIORNO E NEANCHE ALLA
NOTTE.
SENZALTRO CERCHERANNO DI PRENDERLO
L'ORO IL PRIMO PREMIO DEL'ANNO

I RAGAZZI DELLA BOSSA VIPERA VELENOSA.
DISSERO NOI CI LA METTIAMO TUTTO COME
IL PASSATO E CI LO PRENDIAMO DI NUOVO
NOI IL PRIMO PREMI E ESSERE COME IL
SOLIDO PASSATO SUL GRADINO PIU ALTO CHE
CE. E ALLORA MI RACCOMANDO RAGAZZI
FATEVI CORAGIOSI E CON MOLTA FORZA.

ERA CIRCA MEZZANOTTE HO DIO MI DISSO
IL MARITO DELLA BOSSA. E ORA DI CHIUDERE
IL MAGAZINO.
E BUONA NOTTE A TUTTI E A DOMANI CARI.

SUBITO ENTRO IN CASA SUA. E CHIESO E
PRONTO LA CENA. SI E GIA TUTTO PRONTO
SU TAVOLO E BUONO APETITO A TUTTI SI
GRAZIE CARA.

DOPO LA CENA SI GUARDAVANO IN SIEMO
ALLA PIU PICCOLA FIGLIA IL TELEGIORNALE

ROCCO TARANTINO

DONNA VIPERA VELENOSA

DELLA NOTTE. ERANO LE ULTIME NOTIZIE DEL MEDITERRANEO SI GUARDAVANO PER ANTICA ABITUTINA. E COSI È LA VERA VITA.

TUTTO UN TRATTO CROLLO SUL LATO DEL DIVANO. E LA PICCOLA FIGLIA SUA DICEVA PAPA CHE COSA SUCCEDE PAPA È PER CHE NON PARLI È CI AI I OCCHI APERTI.
CHE CI HAI. E SUBITO CORSA DALLA MAMMA È VIENI A VEDERE MAMMA.

CHE COSA CIA PAPA. È SUBITO CHIAMO IL DOTTORE È IL PRONTO SOCCORSO I DOTTORI DISSERO SUBITO E GRAVO INFATTO. È SEMBRA CHE ANCHE MEZZO PARILIZATO.
PER IL MOMENTO POSSO FARE SOLO UNA PUNTURA ANTI INFATTO.
PER TENERE IL SANGUE FLUIDO.

CHE DIO CI LA MANDERA TUTTO BENE A DOMANI SI CERCHERA DI FARE TUTTO QUELLO CHE SARA POSSIBILE. AL SUO MARITO DISSERO I DOTTORI DELLA CHLINICA È PARALIZATO META DEL SUO CORPO. È NON RIESCE A PARLARE.
CI VUOLE UNA BUONISSIMA TERAPIA PER CERCARE DI GUARIRE IL PIÙ PRESTO POSSIBILE.

LA SUA FAMIGLIA DECISERO SUBITO PER UNA BUONISSIMA CHLINICA CERTO LE MIGLIORE CHLINICA DI TUTTO L'ITALIA DISSO LA BOSSA VIPERA VELENOSA.
IL MIO MARITO SA TUTTO COME CONTINUARE CON I CHLIENTI È ANCHE CON LE SANTE BANCA.

È PER QUESTO DOBIAMO ANCHE CERCARE DI FARE TUTTO IL POSSIBILE CHE SARA È DI GUARIRE IL PIÙ PRESTO POSSIBILE CHE SARA.
E I DOTTORI DELLA TERAPIA DICEVANO SI LUI TORNERA PRESTO A CASA IN FAMIGLIA E PUO DARE I CONSIGLI PER LA VOSTRA AZIENTA È PER LA BANCA È LA SUA FAMIGLIA.

ERANO TUTTI MOLTO CONTENTI PER LE BELLE MIGLIORAMENTI CHE LUI FACEVO GIORNALMENTO. IL DOTTORE DISSO IN POGO TEMPO PUO GIA TORNARE A CASA CON VOI.

GRAZIE MILLE DOTTORI PER LA BUONA BELLA NOTIZIA CHE CI AVETE DATO.
ALCUNI GIORNI DOPO. UNA NOTTA AL INPROVISAMENTO SCUILLAVO IL TELEFONO

DONNA VIPERA VELENOSA

È MALDETTO ERA PRPIO LA CHLINICA
DELLA TERAPIA È DISERO DISPIACEVOLMENTO
IL SUO POVERO MARITO È AVUTO UN
REINFATTO È ANCHE I DOTTORI NON
RIESCONO A CAPIRE PIÙ NIENTE.

IL SUO MARITO SI ERA STABILITO
BENISSIMO ANCHE LE ANALISE ERANO
MOLTO BUONE.

LA FAMIGLIA ERANO NEL MOMENTO TUTTI
SCIOCATISSIMI PER LA BRUTTIMA MALA
NOTIZIA DATO DI NOTTE DELLA CLINICA
HO DIO MIO DIO QUESTA NON LA A
SPETAVAMO QUESTISSIMA NOTIZIA NELLA
NOSTRA FAMIGLIA LA BRUTTA MORTA
DE NOSTRO CARO AMATO.

DISSO LA BOSSA VELENOSA VIPERA.

MA PUR TROPPO È FINITO PROPIO COME
RACONDA IL PROVERVERBIO ANTICO.
CHE QUANDO È ARRIVATO L'ORA LA LUCE
DELLA CANDELA SI SPENGNERA.
ANCHE SE NON SI VUOLE.
LA VERA VITA È STATO FATTO COSÌ PER

DONNA VIPERA VELENOSA

TUTTI NOI NEL MONDO È PURO BELLO È BLU.
PER LA FAMIGLIA CERTAMENTO È MOLTO
DOLOROSA È DISPIACE A PERDERE UN PADRE
HO UNA MAMMA È PARENTI LA RUOTA
GIRA COSÌ GIRERA SEMBRE PER TUTTI NOI
SIA PER IL BENE HO PER IL MALE.

È COSÌ È STATO È ANCHE PER IL POVERO
MARITO DELLA.
BORRA VIPERA VELENOSA.

ERA GIA STATO DESTINATO COSÌ DA
DIO DI TORNARE IN UNA BARRA DI
LEGNO A CASA PROPIA NATIVO.
PER FARE LA SUA PROPIA PRESENZA
NELLA BARRA DI LEGNA PER SALUTARE
LA SUA ULTIMA VOLTA A TUTTI A CASA
SUA.

È ANCHE LA SUA CARISSIMA FAMIGLIA
CHE LUI AMAVO TANTISSIMO.
È COME ANCHE A TUTTI I CARI CHE
ERANO PRESENTI DEL PAESO.
CHE LUI AMAVO TANTO. ERA ANCHE
MOLTO CONOSCIUTO È VOLUTO BENE DA
TUTTI IN PAESO.

ROCCO TARANTINO

148

DONNA VIPERA VELENOSA

IL GIORNO DOPO CERANO I FUNERALI AL SUO PAESO NATIVO E CERANO MIGLIAI DI PERSONE PRESENTI E TANTISSIMI FIORI GIRLANDE E CORONE E ANCHE MOLTI MAZZOLINI DI FIORI.

LA GENTE PIANGEVANO E METTEVANO I MAZZOLINI DI FIORI SUL TAVUTO NELLA CAPPELLA PRIVATO DELLA L'ORO FAMIGLIA.

CHE L'AVEVANO CON LE PROPIE MANI IN SIEMO AL SUO CARO PADRE COSTRUITA.

E CERA A QUELLO GIORNO UNA LUNGA FILA DI GENTE A PARTIRE DALLA CHIESA DEL CENTRO PAESO FINO AL CIMITERO LA DOVE FU QUELLO GIORNO SEPPELITO IL SUO MARITO.
DELLA BOSSA VIPERA VELENOSA.

E ANCORA OGGI LA NELLA TOMBA DELLA FAMIGLIA SEPPELITO. E SONO PASSATO MOLTI ANNI PER TUTTI I ALTRI NOSTRI CARI CHE SONO ANCHE LA STATI SEPPELITI.
QUANDO ANDIAMO A VISITARE E A METTERE I FIORI E LE CANDELE DI CERA PER TUTTI I NOSTRI CARI CHE SONO LA SEPPELITO

DONNA VIPERA VELENOSA

NELLA CAPPELLA FAMIGLIARA. È ANCH
DOPO TANTI ANNI CHE SONO PASSATO CI
FA MALE IL CUORE È SCORONO LE LAGRIME
DAL' OCCHIE PER IL GRANDO DOLORI È TANTI
DISPIACERE.
A PENSARE DEL BELLO TEMPO PASSATO CHE
ERA MOLTO BELLO A STARE TUTTI INSIEMO.

OGGIO È COME FARE GIRARE UN FILMO
FAMOSO DEL LUNGO PASSATO.
CHE ERA MOLTO BELLO A STARE TUTTISSIMI
INSIEMO. PRESENTI TAVOLA CON TANTA
ALLEGRIA A MANGIARE È BERE DELLE
COSINE GOLIOSE È ANCHE DEL PROFUMO
È DOLCI SAPORI DEL NOSTRUM MEDITERRANEO
SONO DEL BELLISSIME COSE CHE NON SI
POSSONO MAI DIMENTICARE NELLA NOSTRA
VERA VITA ETERNA.

LASCIA SEMBRE L'ACQUELINA IN BOCCA DELLA
QUCINA MEDITERRANEO ITALIANA.
È COSI TUTTO È FINITO.
ANCHE COSI PER IL POVERO MARITO È FINITO.

DELLA GRANDE BOSSA VIPERA VELENOSA.

MA A CHE COSA È SERVITO TUTTO QUELLO

ROCCO TARANTINO

DONNA VIPERA VELENOSA

GRANDO SUDORO È ANCHE A CORRERE PER LA SUA GRANDE FAMIGLIA. È PER LA PROPIA ZIENTA CREATO INSIEME LA SUA FAMIGLIA È PER CERCARE DI VIVERE ANCHE MEGLIO PENSAVO LUI. ANCHE ALLA SUA FAMIGLIA NUMEROSA. CHE NON È FACILE CON CINQUE FIGLI È PIÙ L'ORI DUE ERANO IN SETTE PERSONE IN FAMIGLIA.

ANCHE DA PORTARE AVANTO GIORNI PER GIORNI. È NON ERA FACILE.
MA ERA MOLTISSIMO DIFICILE DI POTERE ACONTENTARE A TUTTA LA SUA FAMIGLIA.

LA GRANDE BOSSA VIPERA VELENOSA.

DISPERATA DISSO È COME FARO A PORTARE LA GRANDE ZIENTA DEL GENERO AVANTO. È VERO CHE NON CI LA POSSO FARE TUTTO. DOPO LA MORTA DEL MIO POVERO CARO.
NO È NO NON LO DAVERO AMATO IL MARITO.

È NON MI SONO MAI TANTO INPEGNATO A CONOSCERE COME SI DOVEVA PORTARE BENE LA ZIENTA DEL GENERE.
DA SOLA AVANTO MA ADESSO NON È IL CASO DI FERMARMI È NEANCHE DI FARE LA ZIENTA

DONNA VIPERA VELENOSA

ANCHE PIÙ PICCOLA NON È PROPIO
POSSIBILE È NE ANCHE A VENDERLA È NON
CI HO ALTRA SCELTA NEL MOMENTO.

HO VA HO LA SPACCO.
DISSO LA BOSSA VIPERA VELENOSA.
AI SUOI CARI IN FAMIGLIA. È L'ORI COSI
RISPOSERO SE TU LA PENSI COSI.
CHE DIO TI LA MANDA BENE È TI AUGURO
CHE TI ANDRA NEL FUTURO TUTTO BENE.

QUANDO È SUCCESSO TUTTO QUESTO GRANDO
DISASTRO FORTUNADAMENTO NON CERANO
PIÙ PRESENTI CHE ERANO ANCHE L'RO GIA
MORTI PRIMO DELLO L'ORO FIGLIO.

È I PARENTI DICEVANO È MEGLIO COSI CHE
I SUOI GENITORI NON VEDONO LA MALA FINA
DELLA ZIENTA.
CHE È VENUTO A FINIRE COME AVEVANO GIA
DETTO I SUOI GENITORI PRIMO DELLA L'ORA
MORTA.
È COSI LA FAMIGLIA DELLA BOSSA DETTA
VIPERA VELENOSA.
VIVONO ANCORA OGGIO AL PAESO SENZA
LAVORO FISSO. GIA SI SA CHE AL SUD
D'ITALIA NON CE TANTO LAVORO.

ROCCO TARANTINO

DONNA VIPERA VELENOSA

HO QUASO PER NIENTE CHE ANCHE PER IL CAMPIAMENTO DALLA VECCHIA LIRA AL BRUTTO EURO SENZA NESSUNO COTROLLO VOLUTO. DAL GRANDO CAPITALISMO MONDIALE MAFIOSO.

È ANCHE CONOSCIUTO NEL MEDITERRANEO È ANCHE IN TUTTO IL MONDO È ANCHE PER ABITUDINE ANTICA CHE È STATO SEMBRE COSÌ. È COSÌ SARA SEMBRE NEL FUTURO ETERNO.

MA BISOGNA ANCHE ARANCIARSI CON IL LAVORO UN PO QUA È UN PO LA DOVE CISARA IL LAVORO. PER POTERE SOPRA A VIVERE.

LA GRANDE ZIENTA E CHIUSA È NON SI SA COME ANDRA A FINIRE NEL FUTURO.

È QUESTA LA VERA BELLISSIMA VITA CHE L'UOMO SOGNIA HO È LA UMELTA MODERNA CHE CI COTRINGE ANCHE A VIVERE COSÌ BRUTTO. IN QUESTO MONDO BLU È PURO È BELLISSIMO. A VIVERE QUI ET RNAMENTO.

ROCCO TARANTINO

DONNA VIPERA VELENOSA

DAS ORIGINALDREHBUCH

DONNA VIPERA VELENOSA

DONNA VIPERA VELENOSA

STORIA VERA STORIA

REGISTO

ROCCO TARANTINO

NATA NELLE BELLE VALLE VERDE
DEL MEDITERRANEO CON MILLE COLORI
È PROFUMO DI DOLCI SAPORI MERAVIGLIOSI

ALLA MATTINA DELLA NASCITA PREVISTA
ERA MOLTO CALDO
E SI SUDAVO MOLTO SI PREPARAVE
L'AQUA CALDA E I ARTICOLI IGIENECI IN
SIEMO AI DOTTORI
E TUTTA LA GENTE DEL PAESO CURIOSO
E DOMANDAVANO È NATO IL BAMBINO
TANTO DESIDERATO
SI È UN BELLO BAMBINO SANO È SANO
E SI ABRACCIAVANO FELICI CONTENTI BACI
BACI E FESAA E MUSICA. FESTA

1

DONNA VIPERA VELENOSA

ANCHE DOPO ALLEGRIA È FESTA FELICITÀ
IL BABBO DOVEVO ANDARE LA CAMPAGNA
A QUEI TEMPI ANTICHI QUASI TUTTI
LAVORAVANO LA CAMPAGNA ERANO
CONTADINI

E I ALTRI RAGAZZINI DOVEVANO ANDARE
A SCUOLA OBLICATO TUTTI GIORNI
ERANO FELICISSIMI PER LA NEO NATA
BELLISSIMA PICCOLINA SORELLINA

QUANDO RITORNAVANO DALLA SCUOLA
ERANO CONTENTISSIMI FELICE DI POTERE
GIOCARE CON LA SORELLINA

LA CARA MAMMA CI PREPARAVO
SEMBRE IL CIBO PER LA SORELLINA
CHE LA DOVEVAMO DARA DA MANGIARE
ESSATAMENTO A MEZZO GIORNO

SPESSO CI LITIGEVAMO ANCHI LA DOVEVA
CANBIARE I PANNOLINI È DARE DA MANGIARE
È COSÌ PASSUAVAMO ANCHE IL BELLO TEMPO
NON SOLO DA FRATELLI È SORELLE MA
ANCHE UNA SPERIENZA DA GENITORI
PER IL NOSTRO FUTURO.
NON C'ERANO NIDO È SILA QUEI TEMPI
DOPO DI ALCUNE SETTIMA CI ERA IL
BATTESIMO TUTTA VESTITA IN BIANCA

DONNA VIPERA VELENOSA

PER TRADIZIONE È ABITUDINE ANTICA TRADIZIONALE CON TUTTA LA FAMIGLIA IN CHIESA. DOPO LA CERIMONIA DE BATTESIMO.

TUTTI ALLA CASA DEI GENITORI ERA PER TRADIZIONE ERA GIÀ TUTTO UNA GRANDE LUNGA TAVOLA PER TUTTI È PER MANGIARE È BERE CON SPUMANTE CON MUSICA AL VIVO
SI BALLAVA È CANTARE FINO A TARDA ORA PER ANTICA TRADIZIONE È ABITUDINE PAESANA
I PRIMI PASSI ERANO BELLISSIMI A GIOCARE INSIEMO È SPECIALMENTO NEL' ESTATE POTEVANO ANDARE DAI NOSTRI GENITORI IN CANPAGNIA ERA CONTENTISSIMA RIDEVA GIOCAVA CON I FIORILLINI È ALTRE PIATICELLE DI CAMPO
È COSI ERA ANCHE MOLTO STANGA È SI ADORMENTAVA PIÙ PRESTO

NOI POTEVAMO FARE LE ELEZIONE DELLA SCUOLA
È QUANDO TORNAVANO I GENITORI DALLA CAMPAGNA ERANO ANCHE MOTTO STANGI DEI LAVORI DI CAMPAGNA SI SA CHE SONO MOLTO PESANTI
QUANDO VEDEVANO CHE ERANO GIÀ STATO

DONNA VIPERA VELENOSA

STATO FATTI I LAVORI DI CASA E I
ANIMALI DATO DA MANGIARE E PULITE
LE STALLE DEI ANIMALI

LA MAMMA COME IL SOLIDO PREPARAVO
LA CENA PER PRIMO PER IL BAMBINO
E PER TUTTI NOI
QUANDO ERA PRONTO CI CHIAMAVO COSI
LA CENA E PRONTO VENITE TUTTI A
CENARE
E LAVATEVI BENE LE MANI
E COSI ERANO TUTTI I SANTISSIMI GIORNI.
ERA BELLISSIMO DI CENARE TUTTI INSIEMO

ALLA ETA DI CIRCA SETTE ANNI
IL PRIMO DI SCUOLA LA PRIMA CLASSA
IN DIMENTICABILE PER TUTTA LA
VITA ETERNA
CERANO I NONNI ZII PARENTI CON
TANTI CARTOCCI PIENI DI REGALINI
E CERANO ANCHE TANTI ALTRI BAMBINI
E SCOLARI DELLA PRIMA CLASSE E
TUTTI VESTITI IN DIVISA BIANCO
ERA UNA BELLA FESTA

TUTTE LE SANTE MATTINE FARE
COLAZIONE DI PREPARARE LA CARTELA
LAVE BENE DI METTER LA DIVISA DELLA
SCUOLA A QUEI TEMPI ERA OBLICATO

DONNA VIPERA VELENOSA

AZZOGIORO ANDAVAMO DOPO LA SCUOLA A PRENDERE LA PICCOLA SORELLA E ANDAVAMO A CASA
SI PANZAVO TUTTI INSIEME AI GENITORI CHERANO TORNATO DAL'AVORO DI CAMPAGNA
CHE AL'ESTATE ERA MOLTO CALDO E NON SI POTEVO LAVORARE A QUELLA TEMPERATURA ALTISSIMA SOTTO IL SOLE

DOPO IL PRANZO PER ABITUDINA ANTCA DEL MEDITTERANEO SI RIPOSAVO PER UNA ORETTA CIRCA
DOPO AL TARDO POMERIGGIO RITORNO A LAVORARE IN CAMPAGNIA
E NOI DOVEVAMO FARE I COMPIDI PER LA SCUOLA CHE CI AVEVANO ASSEGNATI I MAESTE.

È COSI ERANO TUTTI I SANTISSIMI CARI GIORNI
FINE ALLE DESIDERATE BELLE VACANZE SCOLASTICE CHE ERANO DA GIUGNO FINE CIRCA SETTEMBE
NEL'ESTATE POTEVAMO DORMIRE PIU A LUNGO
È A GIOCARE PER TUTTA LA GIORNATA POTEVAMO ANDARE ANCHE DAI NONNINI È PARENTI PER PASSA IL BEL TEMPO

5

DONNA VIPERA VELENOSA

ALLA FINE DI SETTIMA QUANDO IL
TEMPO ERA BELLO SI ANDAVO AL MARE
BLU È BELLISSIMO
A PASSARE UNA GIORNATA BELLA A NUOTARE
A GARE E SULLA SABBIA A GIOCARE
CON LA PALLA SUL LUNGO MARE BLU

E SI SIAMO GIA A SETTEMBRE FINE
D'ESTATE ARRIVEDERCI MARE BLU
E SPIAGGIA SOTTO I OMBRELLONI
CON I AMIGETTI CARINI
PUR TROPPO È COSI LA BELLA VITA
DEL MEDITERRANEO.
IL PRIMO GIONO DOPO LE VACANZE
E TUTTI ERAVAMO CURIOSI DI SAPERE
LE BELLE SOPRESE NOVITA DEI ALTRI
ALUNNI DURANDO LE VACANZE

COSI ERA RITORNATO LA VECCHIA
STORIA TUTTE LE SANTE MATTINE ALZARE
PRESTO LAVARE FAR COLAZIONE
VESTIRE LA DIVISA ESSERE PUNPUALE
A SCUOLA E VIA COME IL SOLIDO

A CIRCA DI DIECI ANNI LA PRIMA COMUNONE
PER USANZA ANTICA E USANZA PAESANA
SI INVITAVANO I PARENTI AMICI E VICINI
DI CASA
PER PRIMO SI ANDAVO IN CHIESA

6

ROCCO TARANTINO

DONNA VIPERA VELENOSA

VESTITA IN BIACO DOPO LA CERIMONIA
DEL BANCHETTO PER TRADIZIONE È ABITUTE
TRADIZIONALE ANTICA SI BALLAVE FINE
A TARDA ORA CON IL CONCERTINO AL VIVO
IL SEGUENTO GIORNO SI DOVEVO ALZARE
PRESTO PER PREPARARE LA POBBA PER
TUTTI I ANIMALI È A PULIRE LE STALLE
LA MAMMA COME IL SOLIDO PREPARAVE
LA COLAZIONE PER TUTTI NOI
LAVARE FARE COLAZIONE VESTIRE
CON LA DIVISA SCOLASTICA È VIA
VELOCE A SCUOLA.

IL DESTINO IL CICLO DELLA VITA SI NOTA
GIA DAL MOMENTO NATO SE È UNA
BAMBINA VIZIOSA CAPRICIOSA GELOSA
AVIZIOSA PROPOTENTA. È SENSIBILA È
FORTUNATA DA DIO.
COSI SI CONTINUO PER TUTTI I ALTRI
SANTISSIMI ANNI
FINO ALLA FINE DELLA TERZA MEDIA

FINALMENTO DOPO DI OTTO ANNI DI
SCUOLA OBLICATO
LE VACANZE BELLE ESTIVE LIBERA
SENZA SCUOLA È STRESSO
AL SOLE MARE BELLO BLU È BELLA
ABRONZATISSIMA ALLA NOTTE A
BALLA NEI DISCOTECA AL'APERTO

7

DONNA VIPERA VELENOSA

IL FAMOSO GIORNO DELLA VITA SUA
DI DECIDERE I GENITORI DI POTERE
ANDARE A STUDIARE AL GINNASIO
PER MOTIVO DI SOLDI I GENITORI DISSERO SI
MA LEI SOGNAVO SEMBRE STUDIARE PER
L'UNIVERSITA É MILLE GRAZIE A SUOI
GENITORI PER POTERE STUDIARE MILLE BACI

IL FAMOSO GIORNO DELLA SEPARAZIONE
DEI AMICI DELLA SCUOLA OBLICATA
É DELLA BELLA VITA SCOLASTICA
PASSATO IN SIEMO
ADESSO BISOGNA STUDIARE VOLERE OH
NON VOLERE ANCHE DI NOTTE.
LA CRESIMA SI ERA STRASCUTO PER
TEMPO É SOLDI
IL GIORNO DELLA CRESIMA CERANO COME
IL SOLIDO TUTTI I PARENTI AMICI É
VICINI DI CASA
LA CERIMONIA INIZIO IN CHIESA É
TUTTI A CASA DEI GENITORI CHE
É GIA IL BANCHETTO PONTO CON
TANTISSIMA BOBBA DA MANGIAR É
BERE
ALLA FINE. BANCETTO CERTAMENTO
PER ABITUDINE USANZE ANTICA DEL
MEDITERRANEO SI BALLAVO É SI
CANTAVA CON IL CONCERTINO AL VIVO
TUTTI CONTENTI É FELICE BACI BACI

ROCCO TARANTINO

DONNA VIPERA VELENOSA

È VIA TUTTI A CASA L'ORO COME IL SOLIDO
IL GIORNO DOPO ANCHE SE SI ERA MOLTO
STANGO PER LA FESTA BISOGNAVO ANDARA
A FARE LA PRESENZA SUL LAVORO PER
OBLICO
GLI ANNI PASSAVANO INCREDIBILMENTE
VELOCISSIMI SENZA ACCORGERE
ERA GIA ARRIVATO IL TEMPO DI DECIDERE
PER POTERE ANDARE AL'UNIVERSITA PER
FINAZIARE IL SUO STUDIO OPPURO NO.

MA QUASI TUTTI I GENITORI SU QUESTO
MONDO SOGNANO CHE I LORI FIGLI DI
STUDIARE DIPLOMA PER UN FUTURO
MEGLIO DEL MALE PASSATO TEMPO
LA RAGAZZA SOGNAVA NOTTE PER NOTTE
SEMBRE L'UNIVERSITA.
I GENITORI IN SIEPO ALLA FAMIGLIA
DI POTERE ANDARE STUDIARE AL'UNIVERSI.
È LA RAGAZZA È MOLTA FELICE PER
LA BELLA DECISIONE
PER ANNI È ANNI IL STUDIO ANDAVO
TUTTO BENE ANCHE LA SUA FAMIGLIA
ERA CONTENTISSIMA CHE LA RAGAZZA
CHE ERA INTELIGENTE E RIUSCIVA
FACILMENTO A STUDIARE ERANO I SUO
SOGNI DA RAGAZZINA CHE AVEVA I VOTI
PIÙ ALTI DI TUTTI I ALTRI RAGAZZI

DONNA VIPERA VELENOSA

FINAMENDO LE BELLE VACANZE MOLTO
DESIDERATE
L'ESTATE IL SOLE MARE BLU SPIAGGIA
OMBRELLONI E DISCO AL'APERTO A
BALLARE CON I AMORETTINI E AMORE
IN MACCHINA ECCEDERA

CONTENTI TUTTI MIEI GENITORI E
PARENTI DI AVER IN FAMIGLIA UNA
BELLISSIMA ELEGANTE RAGAZZA
LA SOPRESA ALLA FINE DEL'UNIVERSITA
UN REGALO LA RAGAZZA CHIESO SI PUO
SAPERE ADESSO
NO SENO NON E PIU UNA SOPRESA SAI

IL GIONO DOPO ALLA CONSEGNA DEL
DESITERATO DIPLOMO CERA UN GRANDO
PACCO DAVANDO ALLA CASA
CERA LA VERA PROMESSA SOPRESA
CON UN FIOCCO ROSA E IL NASTRO
TRICOLORE INTORNO AL PACCO E UN
FOGLIO CERA SCRITTO ALLORA MILLE
AUGURI PER IL DIPLOMO E MILLE
GRAZIE DI TUTTO

DOPO DI TANTA PAZIENZA ALLA FINE
USCI FUORO DAL GRANDO PACCO LA
FIAT BACHETTA SCAPPOTABILE SPORTIVA
URLANDO DISSO BACI E MILLE GRAZIE

ROCCO TARANTINO

DONNA VIPERA VELENOSA

DOPO LA FIAT ARRIVERA LA BELLA
ROSSA MASERATI È VEDRETI DISSO
LA RAGAZZA È SUBITO A FARE UN
GIRO DI PROVA CERTO PER IL PAESO
CHE ALLA FINE DEL LUNGO DURO
STUDIO È DIPLOMATO PER REGALO LA
BELLISSIMA MACCHINA ROSSA FIAT
SPORTIVA È SCAPPOTABILE BALLA PER
L'ESTATE
CORREVA VELOCE PER FARE VEDERE
È INGELOSIRE LA GENTE DEL PASESO
E I RAGAZZI
ALCUNI GIORNI DOPO LA RAGAZZA
DECISO DI PARTIRE CON LA BELLISSIMA
MACCHINA ROSSA SCAPOTABILE PER IL
MARE PER FARSE VEDERE CHE LEI
DIPLOMATO ERA RICEVUTA PER REGALO
DAI SOI CARI GENITORI
ALLA FINE DELLE VACANZE AVEVA
GIA IL COTRATTO DI LAVORO

OH DIO MIO DIO LA VERA LOTTA
DELLA VITA DOPO IL STUDIO E IL
DI PLOMATO DAVERO ADESSO INIZIA
IL PRIMO GIORNO DI LAVORO IL PRIMO
VERO SUDORO
ALLORA UN RIEPILICO DOPO L'INFAZIA
È DA RAGAZZINA ESSERE UNA DONNA
VERA DURA CORAGIOSA

11

DONNA VIPERA VELENOSA

COSI INIZIO LA VERA DURA VITA
DA DONNA PER TUTTA LA SANTISSIMA
LUNGA VITA ETERNA
DA COMBATTERE PER IL BELLO E
PER IL MALE
DI CORRERE ANCHE SE CI SONO
OSTACOLI PER LA LUNGA VIA DI
CORRERE DI NON ARRENDERSI MAI
IL PROVERBIO CACONDA CHE LA LOTTA
CONTINUA SEMBRE NOTTE E GIORNI

COSI È FATTO IL LAVORO IN UNA
GRANDE CATENA SU QUESTO MONDO
AVEVO LAVORATO GIA MOLTI ANNI
NELL'AZIENDA DI AVERE SGOBATO PER
MOLTI ANNI DI LAVORO DURO
PUR TROPPO AVENE UNA CRISA GENERALE
PER L'ITALIA È L'EUROPA CERTO FU
UNA CRISA VOLUTO BENE ORGANIZATO
DAL CAPITALISMO MAFIOSA
INTERNAZIONALE
FURONO QUASI TUTTI I MAGAZINI DELLA
PENISOLA CHIUSI DA UN GIORNO AL'ALTRO
COSI ERANO MOLTI OPERAI SENZA LAVORO
E SENZA STIPENTIO E DISSUCUPATI

COSA FARE PER SOPRA AVIVERE PENSO
LA BELLA SIGNORINA STUDENTESSA
DIPLOMATO È LAUREATA DEL'UNIVERSITA

ROCCO TARANTINO

DONNA VIPERA VELENOSA

PENSAVO DI ANDARE A LAVORARE COME TANTI ALTRI AL NORD OPPURO AL'ESTERO OH DI CREARE UN LAVORO PROPIO NEL PAESO NATIVO DEL BELLO MEDITERRANEO

CERTAMENTO CERANO PROBLEMI DI SOLDI È DISSARMONIA IN FAMIGLIA E NON SI POTERA PARLARE CON LA BANCA PER UN MUTUO
SENZA POTERE È GARANTO LA BANCA NON DARANO CREDITO GIA SI SA CHE E COSI
FACCIAMO NIENTE CHE NON POSSIAMO FARE DA GARANTO ALLA BANCA
MA NON FA NIENTE RISPOSA LA L'ORO FIGLIA

A LAMPO LI VENNO IN MENTA AL'EPOCA DEL UNIVERSITA CHE SI ANDAVO NELLE DISCOTECA ALLA CACCIA DEI RAGAZZI A FARE LA MORE NELLA NOTTE NELLE VILLETTE È MACCHINE IN HOTEL COME MODELLA A PRESENTARA LA NUOVA MODA PER CONOSCERE UOMINI RICCHI PER FARSE ARRIMORCHIARE PER LA DOLCE VITA È AMORE FINTO CON LA SPERANZA CHE QUALCUNO LA SPOSEREBE PER ESSERE ALLA

DONNA VIPERA VELENOSA

PARTA SICURA DELLA SUA VITA

DONNA VIPERA VELENOSA
PENSA DI ADORMENTARE CON IL SUO
FINTO VELENO L'UOMO
PENSO AL LUSSO ORO DIAMANTI E DI
COPRIRLA CON TANTISSIMI FORI E SOGNIA
LA MASERATI SPORTIVA BELLA MACCHINA

PENSA AI SOGNI CHE POSSONO ESSERE
VERI NELLA VITA

UN GIORNO PASSEGIAVA LUNGO IL CORSO
VERSO LA PIAZZA DEL PAESO NATIVO
IN CONTRO UN BELLO RAGAZZO CHE
IL CUORE MI BATTERO FORTEMENTO
E OCCHI MIEI MI LAMPEGIANO VELOCE
FACENTOLO I OCCHIELIN ALLA FEMMINA
SUBITO PENSO IO E L'UOMO CHE CERCO

E IL MOMENTO GIUSTO DI PRENTARE IL
FITANZATO ALLA MIA CARA FAMIGLIA
UFICIALMENTO PER SICUREZZA

MA LA FAMIGLIA DEL RAGAZZO NON
VOLEVA ASSOLUTAMENTO IL FIDANZAMENTO
UFFICIALE PER UN VECCHIO MOTIVO DI
FAMIGLIA COSI SI FECERO LE COSE
PIU DIFICILE PER I DUE RAGAZZI

DONNA VIPERA VELENOSA

CE IL PROVERBIO CHE DICE CHE QUANDO DUE SI VOGLINO CENTO PERSONE NON POSSONO IMPEDIRE UN MATRIMONIO;

COSÌ AVENNO IL FIDAZAMENDO IN SANTA PACE SE IL DESTINO È COSÌ DATO DA DIO FELICITA PER LA COPPIA DOPO

SI CERCO UN ACCORDO CON LA BANCA PER UN CRREDITO IN SIEMO ALLA FAMIGLIA È FU ACCETATO DALLA BANCA IL CREDITO È COSÌ SI INIZIO A COTRUIRE IL GRANDO CAPANNONE E PER IL PIAZZALE E PER POTERE SMERCE PIÙ MERCIA COSÌ GIORNI PER GIORNI GRAZIE A DIO SI VENDEVA NANTISSIMA MERCIA DI PIÙ

DOPO CHE SI ERANO CALMOTO TUTTE LE ACQUE TORRENZIALE SI CERCAVO CON LE DUE FAMIGLIE PER U ACCORDO DI UN NUOVO FINAZIAMENTO PER I NUOVI MEZZI CHE VERVIVANO PER POTERE SERVIRE I CHLIENTI PIÙ MEGLIO LA ZIENDA ESPANDEVA GIORNI PER GIORNI ALLA GRANDE È TUTTA LA FAMIGLIA ERANO CONTENTISSIME È FELICE

DONNA VIPERA VELENOSA

UN BELLO GIORNO I DUE FITANZATI RAGAZZI DECISERO DI PARLARE CON I L'ORI GENITORI DI ANNUNCIARE IL MATRIMONIO AL COMUNO È IN CHIESA UFFICIALMENO

È COSI CI FU DINUOVO UN GRANDISSIMO TEATRO E VARIETA ANCHE CON TANTE MINACE NON CI FA NIENTE DA FARE PIÙ LA SUA MAMMA LI DICEVA ALLA RAGAZZA DI NON DOVEVO ASSOLUTAMENTO QUELLO RAGAZZO CHE ERA CATTIVO È MALISSIMO ABITUATO DALLA SU FAMIGLIA È ANDAVO CON LE ALTRE DONNINE IN DISCOTECA E I LOCALI NOTURNE
NON PUOI COSI CREARE UNA FAMIGLI BELLA

PUR TROPPO I DUE RAGAZZI DECISERO DI SPOSARSI ANCHE SENZA TUTTA LA L'ORO FAMIGLIA ECCEDERA.

PRENOTARONO IL GRANDO RISTORANTE PER QUASO TUTTO IL PAESO INTERO AL MATRIMONIO CERTO PER ONORARE I DUE SPOSI
IL BANGHETTO ERA GRANTISSIMO CON TANTISSIMA ROBA DA MANGIARE
LA SPOSA VESTITA IN BIANCO È IL SPOSO IN BLU SCURO È FALZOLETTINO

DONNA VIPERA VELENOSA

BIANCO PER USANZA ANTICA PAESANA
DEL MEDITERRANEO
CON TANTISSI CONVETTI COLORATI È
MILLE FIORI DI-LI-LA-SPARSE LUNGO
LA VIA DEL CORSO
È IN CHIESA DECORATA DI TANTI FIORI
È NASTRO TRICOLORE VERDO BIANCO ROSSO
È MUSICA CANTADA L'AVEMARIA
TUTTI INVITATI PRENTI IN CHIESA DOPO LA
CHEREMONIA DICEVANO BACI BACI E FELICITA
MACHÈ È TANTI AUGURI È FELICITA

SI CERCAVO DI RIUNIRE È PARTIRE CON
LE MACCHINE PER FARE IL LUNGO CORSO
È FARE SCUILLARE LE TROMBE DELLE
MACCHINE PER ABITUDINE PAESANA È
USANZA MEDITERRANEA

CON TANTO FUDORO IN MACCHINA DEL
MOLTO CALDO QUEL GIORNO FINAMENTO
ANNUNCIARO I SPOSI IL BANCHETTO È A
PER TUTTI APERTO BUONO APPETITO
ALLEGRI È FELICITA
È VIA MAESTRO CON LA BELLA MUSICA
AL VIVO È APIAUSI FORTO.

SI SA CHE ANCHE NEI TEMPI DI OGGI

DONNA VIPERA VELENOSA

DEI PARENTI VIVONO AL NORD E AL'ESTERO
DISSO UN PARENTO E LA VITA E COSI
IN QUESTO PIANETO BLU E PURO
BELLISSIMO
DOPO MANGIATO E BEVUTO DI FARE
QUATRO PASSI PER LE BELLE BARZELLETE
E DIGERIRE E DEL BUON CAFE CHE SI
BEVE SOLO AL BAR SE NON E UN PIACERE
CHE COSA E ALLORA

SI SA IL PRIMO BALLO SI APRE CON I
DUE SPOSI BACI BACI E FIGLI MACCHI E
VIA ANCHE PER TUTTI A BALLARE CON
LA MUSICA AL VIVO MAESTRO
FINO ALLA PROSSIMA MATTINA

A MEZZANOTA CIRCA CERA LA SOPRESA
TANTA DESITERATA DA TUTTI CERA LA
FAMOSA SPAGHETTATA AGLIO E MOGLIO
E PEPARUOL FUORT
E PER USANZA ANTICA TRADIZIONALE

SI ERA ARRIVATO ALLA MATTINATA PER
PARTINE AL VIAGGIO DI NOZZE VOLEVANO
VOLARE LONTANO
SOTTO LA MACCHI CHERANO MESSI TANTI
BARATTOLI PER FARE RUMORE PER LA
VIA PER USANZA

ROCCO TARANTINO

DONNA VIPERA VELENOSA

ALCUNE SETTIMANE DOPO RITONARONO DAL VIAGGIO DI NOZZE FELICISSIMI È CONTENTI DELLE BELLISSIME GIORNATE PASSATO LA FAMIGLIA È PARNTI CURIOSAMENTI DOMANDAVANO SE ERA IN ATTESA PER MOMENTO NO DOBIAMA ANDARE DAL DOTTORE PER ESSERE SICURO DISSERO

SI DOPO DI NOVE MESI NACQUE LA BELLA BAMBINA DESIDERATA IN FAMIGLIA FESTA MUSICA È FELICITA ORA SONO UNA VERA DONNA VERA DISSO LEI
MA ADESSO SIAMO IN TRE ALLORA LA VERA LOTTA CONTINUA
IL PROVERBIO CONTINUA DETTO DAI NOSTRI ANTENATI CHE DOBBIAMO LOTTARE PIÙ DI PRIMO ETERNAMENTO DI PIÙ

ALMENO LA ZIENDA SCRESCEVA MOLTO BENE GRAZIO A DIO ERA QUASO SEMBE MEZZANOTTE QUANDO SI ANDAVO A LETTO PER LA ZIENDA
SI ERA ARRIVATO CHE SI DOVEVO BATTEZARE LA PICCOLA BAMBINA PER USANZA DELLA RELIGIONA È FAMIGLIA COME IL SOLIDO ALLA CHIESA MANGIARE BERE MUSICA AL VIVO BALLARE FINO A TARDA ORA ALLA FINE TUTTI VIA A CASA L'ORO.

DONNA VIPERA VELENOSA

ANCHE QUESTO FA PARTE DELLA BELLA
DOLCE VITA TRADIZIONALE DEL'ITALIA È
MEDITERRANEO SU QUESTO PIANETO
BLU E PURO BELLISSIMO

AL MATTINO È GIA TARDO MA SI DEVE
APRIRE IL MAGAZZINO È SCUSARE PER I
RITARDO DI APERTURA I CLIENTI RISPORERO
NON FA NIENTE TANTI AUGURI PER LA
BIMBA
MA IL PROSSIMO CI VUOLE UN MASCIO
PER LA ZIENDA SI GRAZIE VA BENE

UN ANNO DOPO ANDO DAL DOTTORE
LA VIPER VEL NOSA
PER I ANALISI ANNUALE LE ANALISI SONO
I TRE GIORNI PRONTI
GLI ANALISI DISSO IL DOTTORE SONO BENE
MA LEI È DI NUOVO IN ATESA PER IL
SECONDO BAMBINO
CHE BELLO SONO FELICE PER QUESTA
BELLA SOPRESA UNA COPPIA DI BIMBI

IL POVERO MARITO È ALLORA DOBIAMO
LAVORARE DI PIÙ CHE SIAMO QUASO
GIA IN QUATRO È DOBIAMO IN GRANDIRE
LA CASA CHE È PICCOLA
DOPO DI NOVE MESI NAQUE IL DESIDERATO
2 BAMBINO TUTTI FELICE È CONTETISSIMI

DONNA VIPERA VELENOSA

PER FORTUNA LA ZIENDA ESPANDEVA
GIORNI PER GIORNI PER LA BELLA
PUBLICITA GIA FATTO
IL GIORNO DEL SECONDO BATTESIMO
DOVEVO ESSERE COME I PRIMO CON
TUTTA LA FAMIA PARENTI È AMICI ALLA
CHIESA GRANDO BANCHETTO MUSICA AL
VIVO FOTO FILMINO ECCEDERA

QUELLO ERA CHE LA VIPERA VELENOSA
DI CERCARE DI NON ARRIVARE MAI CON
OPERAI CHLIENTI È FABRICA CON I PROBLEMI
ECCEDERA
UN GIORNO IL MARITINO DISSO ALLA
VIPER VELENOSA
SAI I BAMBINI SONO NECESSARIO DI FARE
I ANALISI E VACINAZIONE SI VA BENE
IL DOTTORE DISSO SAI TANTO CHE SEI
DA ME FAI ANCHE TU I NALISI
BUON GIORNO DOTTORE I ANALISI
TUTTI BENE

MA CE UNA SOPRESA CHE LEI E
DI NUOVA IN CINTA DA POCHI GIORNI
E IL TERZO FIGLIO CHE AVRAI SONO
FELICE AL RITORNO IN CASA DISSO
A POVERO MARITO SAI SONO DI POCHI
GIORNI IN CINTA È SI È ADESSO
DI LAVORARE DI PIÙ COME ASSI

21

DONNA VIPERA VELENOSA

CARI GENITORI LA NUORA È IN ATESA
MA PERCHE NON FATE PIÙ ATENZIONE
CI SON TANTE POSSIBILITA OGGIO
MA CI SONO TANTE FAMIGLIE
NUMEROSE SUL MONDO

AL RITORNO DALLA CHLINICA DISSO LA
CARA MAMMA AI ALTRI DUE BAMBINI
COSÌ ERAVATI VOI PICCOLI CON LA STESSA
BOLSA VI ABIAMO PORTATO A CASA È

TUTTO ANDAVO BENE CON I CHLIENTI
È IL MAGAZINO
COSÌ FÙ ANCHE COME IL SOLIDO PER IL
TERZO FIGLIO ALLA CHIESA BANCETO È
BERE FOTO FILMINO È MUSICA AL VIVO
FINE A TARDA ORA FESTA È COSÌ E LA
BELLA DOLCE VERA VITA DEL
MEDITERRANEO

TUTTI CONTENTI IN FAMIGLIA COME
ANCHE LA VIPERA VELENOSA CHE I
LAVORI ANDAVANO BENE
IN ASPETABILE SI SENTIVA MALE LA
LA BOSSA VIPERA VELENOSA
INGENUAMETO SAI CARA VAI SUBITO DAL
DOTTORE SI VADO IL DOTTORE IN TRE
GIORNI SONO GIA I ANALISI PRONTI E COME
IL SOLIDO SEI INCINTA DI NUOVA

ROCCO TARANTINO

DONNA VIPERA VELENOSA

AL RITORNO IN MACCHINA PER LA STRADA
CHE COSA MI DIRANNO TUTTI IN FAMIGLIA
COSA DIRA IL MARITINO CHE SIAMO GIA
IN CINQUE E LA CASA E PICCOLA
PENSAVA LA BOSSA VIPERA VELENOSA

IL MARITINO TI VEDO UN PO CURIOSA
NERVOSISSIMA DALL'IDO IN FACCIA
CARO SONO DI ALCUNE SETTIMANE
INCINTA TI PREGO DI NON ARRABIARE
CHE DIO CI LA MANDERA TUTTO BENE E
FELICITA IN FAMIGLIA

LA BOSSA VIPERA VELENOSA CON IL
BRUTTO SORRISO SULLE LABRE RISPOSA
CI DOBIA DARE DA FARE PER ACCODENDARE
A TUTTI
E SI VABE RISPOSO MORMORANDO IL POVERO
MARITINO E USCI FUORI ALL'ARIA FRESCA

ERANO TUTTI CONTENTI IN FABRICA
E IN FAMIGLIA PER IL COMMECIO DELLA
BOSSA VIPERA VELENA
CHE LA MERCIA ERA MOLTO BUONA
E CONOSCI ANCHE AL'ESTERO

SI ERA ARRIVATO ALLA NASCITA DEL
QUARTO BAMBINO CHE TUTTO ANDAVO BENE
E UN MASCIETTO DISSO IL DOTTORE DOMANI

23

DONNA VIPERA VELENOSA

PUO ANDARE ANCHE A CASA SUA CON
IL BAMBINO TELEFONO A CASA SUO MARITO
VIENI DOMANI A PREDERCI SI CARI VENGO

AL'ALBA CI FU IMPROVISAMENTO UN
GRANDO TERREMOTO FORTISSIMO E DOVEMMO
USCIRE TUTTI VELOCEMENTO CON I NEO
NATI FUORI DAL'OSPEDALE DI NOTTE
AL BUIO PER SOPRA LE MACERIE
GRIDANDO FORTO AIUTO E IN
STRILLAVANO E NON SI CAPIVO PIU NIENTE

È NON SENTIVAMO I DOLORI E GRAVE
FERITE CHE AVEVAMO A PIEDI E SULLE
ALTRE PARTE DEL CORPO SI PENSAVO SOLO
SALVARE I NEO NATI GRAZIE A DIO ERAVAMO
QUASO TUTTI SALVE
NEI ALTRI PAESI CI FURONO MOLTE
VITTIME E CASE CADUTE E DISSABILITATE

FINALMENTO ARRIVARO I PARENTI A
PRENDERCI NON POTEVANO ARRIVARE
PRIMO CHE LE STRADE PONTI E GALLERIE
ERANO QUASE TUTTE CHIUSE ALTRAFICO
PER IL GRANDO TERREMOTO
SI ARRIVO CON LA AIUTO DELLA POLIZIA
STRADALE DOPO DI MOLTE ORE A CASA
CON LA MACCHINA
I GENITORI DISSERO LA CASA NON È

DONNA VIPERA VELENOSA

ABITABILE PUR TROPPO È COSÌ DOBIAMO
PER ADESSO FUORI AL'APERTO DI VEDERE
PER UNA TENTA GRANDE PER POCO
TEMPO È POIO SI VEDRA NEL FUTURO

SI DAVERO È COSÌ RISPOSA LA BOSSA
VIPERA VELENA CI POSSIAMO ADARTACCI
COSÌ È PER FORTUNA IL MAGAZIN ERA
IN PIEDO NON ERA STATO DAL GRANDO
BRUTTO TERREMOTO
ALMENO POSSIAMO LAVORARE COME PRIMO
OCCHIO È ORECCHIO APERTO PER LE NUOVE
SISMICHE DI TENE PORTE E FINSTRE APERTO

DOPO TANTE ISTRUZIONE DATO SI INIZIO A
LAVORARE BENE
LE SCOSSE SISMICHE SI SENTIVANO SEBRE
DI MENO
CIRCA DI OLTRE TRE MALE PASSATO MESI
NELLA TENTACCIA IL PADRE DALLE SUE
SPERIENZE DEL PASSATO DISSO SI PUO
DOMANDA AL' INGIGNIERO SE SI POU
ABITARE A CASA SI CERTO FATE LE
RIPARAZIONE E PULIZIE FARO IL COLLAUTO
È PENSO DI PORE ABITARE
DOPO IL COLLAUTO FU AMESSO DI ABITARE

FINALMENTO SI RITORNA A VIVERE COME
PRIMO DEL BRUTTO GRANDO TERREMOTO

25

DONNA VIPERA VELENOSA

BEN RITORNO IN CASA NOSTRA CARI NIPOTI PUR TROPPO E COSI CHE ABITIAMO SU QUESTO PIANETO BLU E PURO BELLISIMO DA NOI CI SONO LE SCOSSE SISMICHE E DA ALTRE PARTE NON CE ACQUA E ALTRI PROBLEMI CHLIMATECI
CE UN BELLO PROVERBIO ANTICO CHE DICE FINE CHE NON SI MUORE SI BARERA SEMBRE COSE NUOVE
SI DOVEVO LAVORARE PIU DI PRIMO LE SPESE SONO AUMENTATO PER IL MAGAZINO CHE ERA CHIUSO PER MANCAZZA DI MERCIE CHE LE STRADE ERANO CHIUSE E LE FABRICHE NON SPEDIVANO LA MERIA PER IL TERREMOTO E PROBLEMI PER TUTTI

LA BOSSA VIPERA VELENSA PROPIETARIA DELLA ZIENDA VEDI COME QUESTA CENTE COME LAVORONO CON UNA GRANDE GRINDA E SVELTI SI E VERO PRIMO NON AVEVANO BISOGNO CHE TUTTI AVEVANO UNA CASA
E PER QUESTO PRIMO DELLE SCOSSE SISMICHE SI LA SPASAVANO IN PIAZZA AL BAR PER IL CAFE FAMOSO NEL MONDO IL PROVERBI DICE CHE IL BUON CAFE SI BEVE SOLO AL BAR IL CAFFE E UN PIACERE SE NON E UN PIACE CHE COSA E ALLORA

DONNA VIPERA VELENOSA

PER LA BOSSA VIPERA VELENOSA ANDAVO IL LAVORO BENE SI METTEVO I DANNI DEL FATTO TERREMOTO DOPO DI ALCUNI MESI FURONO COMPLETATI TUTTI I LAVORI
LA BOSSA VIPERA VELENOSA ADESSO NON ALTRO DA FARE A CONTINUARE A SERVIRE BENE A TUTTI
DI CERCARE DI PRENDERE IL PRIMO PREMIO DELLA NAZIONE E UN BELLO ESEMPIO CHE ANCHE NEL SUD CI SONO PERSONE E LAVORATORI E SPECIALIZATO IN TUTTO IL PAESO
I PROBLEMI VERI SONO STATI I GOVERNI E I LOBIISTI CHE SONO NEL GOVERNO

BASTA A GUARDARE LA ANTICA STORIA CHE DOPO L'IMPERO ROMANO OLTRE 2000 ANNI FA NON HA FUNZIONATO PIÙ NIENTE IN ITALIA
LA BOSSA VIPER VELENOSA SAPETE LA LOTTA CONTINUA GIORNI E NOTTE SENZA GRAVI PROBLEMI MI AUGURO NEL FUTURO

LA BOSSA VIPERA VELENOSA
UN GIORNO ERA TUTTO TRANQUILLO CALMO E UN CIELO BELLO AZZURRO CHE MAI ALLA TARDA SERA LA BOSSA VIPERA VELENOSA SAI CARO SEI PER LA QUARTA VOLTA PAPA RISPOSO SAI

27

DONNA VIPERA VELENOSA

OGGI NON È IL PRIMO DI APRILE COME
SPIEGARE AI NOSTRI GENITORI AL SEX
DI FARE ATENZIONE MA IO VOGLIO MOLTI
FIGLI E NON TI LO DETTO MAI PER PAURA
CHE TU NON MI AVESTO MAI SPOSATO
TU LO SAI CHE TI VOGLIO TANTISSIMO
BENE COSÌ FINÌ ALMOMENO LA STORIA

DI NON ASCOLTARE ALLE PREDICHE DEI
PREDI SULLE ALTARE IN CHIESA SONO SOLO
MENSOGNE E FANNULLONI

MA BISOGNA A PENSARE PRIMO DI METTERE
I BAMBINI SUL MONDO CHE FUTURO ANNO
NEL L'ORO FUTURO DISSO IL SUO PADRE
DELLA VIPERA VELENOSA
LA DONNA E COME UNA VIPERA SI
INTORCIA INTORNO AL'UMO PER VARLO A
DOMENTARLO DI FARE CREDERE IL GRANDO
AMORE VERO
MA È SOLO UN AMORE FALSO NELLA VITA

LA DONNA SENBRE PENSA MUSICA
DISCOTECA E SEX FESTA BALLA E IL
LUSSO E DIAMANTI
IL PROVERBIO DICE LA DONNA DAVANTO
TI ACCAREZZA E DI DIETRO TI
TRADISCE VELOCE COME UNA VIPERA E
DA VANTO AI TUOI OCCHI

ROCCO TARANTINO

DONNA VIPERA VELENOSA

DOPO DI NOVE MESI NACQUE LA QUINTA
BAMBINA È SANA E SALVE DAI PERICOLI
TUTTI CONTENTI IN FAMIGLIA È MUSICA
ANCHE ERA UN MOMENTO BUONO PER
DIMENTICARE IL BRUTTO E LA CRISA
CHE CERA IN FAMIGLIA

LA BOSSA VI   VELENOSA
ERA CONTENTA PER LA BELLA FATTA
PUBLCITA P. IL COMMERCIO E ALCUNE
SETTIMANE DOPO ERA ANCHE IL BATTESIMO
PER LA SUA QUINTA FIGLIA DOVEVO
ESSERE COME TUTTI I ALTRI BATTESIMI
ALLA CHIESA GRANDO BANGETTO MANGIARE
BERE FILMINO FOTO MUSICA AL VIVO E
A BALLARE FINO A TARDA ORA E COSI VIA

LA BOSSA VIPERA VELENOSA
A UNA DARDA SERA CON I AMICI E PARENTI
A CHE SERVE E PER CHE GIORI E SETTIMANE
MESI E PER ANNI A CHE SERVIRA TUTTO
QUESTO LAVORACCIO CHE FACCIAMO CARI
ALLORA E GIA TARDO BUONA NOTTE A
TUTTI A DOMANI

IN MACCHINA VERSO CASA SENTI COME
LA PENSITU QUELLO CHE HA DETTO
LA BOSSA VIPERA VELENOSA QUESTA SERA
NON MI PIACENO PER NIENTE QULLE POROLE

29

DONNA VIPERA VELENOSA

È SPERIAMO CHE NON SARA NIENTE DI MALE
PER LA VIPER VELENOSA

UNA TARDA SERA DISSO IL PIÙ PICCOLO
FIGLIO VADO A VEDE LA NONNA COSA FA
ENDRO DENTRO LA CASA E VEDO LA NONNA
PER TERRA DIETO UN STRILLO VENITO
LA NONNA NON RISPONDE NON PARLA PIÙ
IL FIGLIO CORSO DENTRO E SUBITO CHIAMO
IL PRONTO SOCCORSO È AVISO TUTTA LA FAMIGLIA
SPECIO IL FIGLIO È NIPOTI ERA SPAVENTATI
È PIANGEVONO PER LA CARA NONNA
LA CROCE ROSSA PATIRONO VELOCE CON
LE LUCE LAMEGIANTE PER LA CHLINICA
PUR PROPPO SIETE ARRIVATO UN PO TARDO
PER SALVARE VOSTA MADRE DISSO IL DOTTORE.

SI SA PER L'UOMO DEL MEDITERRANEO E
UN GRANDISSIMO DOLORE PER LA MAMMA
PERSA ETERNA
IL FIGLIO AVISO A CASA CHE LA MAMMA
È MORTA
È FARE TUTTO QUELLO CHE SE VIVO PER
I FUNERALI I FIORI È TANTE ROSE CHE
LA MAMMA AMAVA MOLTO
È FÙ UN FUNERALE TRAGICO PER TUTTI
I FIGLI È NIPOTI È PARENTI
ALLORA LA LOTTA CONTINUA GIORNI
E NOTTE PER NON CADERE I DEPRESSIONE

30

DONNA VIPERA VELENOSA

ADESSO SI PENSA DI POTERE PRENDERE IL
PRIMO PREMIO DEL'ANNO DESIDERATO CHE
I ALTRI ANNI PASSATO ERA STATO SOLO SECONDO

LA BOSSA VIPERA VELENOSA
PRESO UN BICCHIERO IN MANO E DISSO VORTO
SCUSATE PER SOLO UN MOMENTO POSSIBILE
DI METTERE IN SIEMO AL PREMIO DEL'ANNO
ANCHE UNA BELLISSIMA FAMOSA BELLA ROSSA
MASERATI
CHE NOI DA BAMBINI SOGNIAMO NEL MONDO

LA VIPERA VELENOSA BOSSA
DISSO AI RAGAZZI GRAZIE PER IL SOLO
SECONDO POSTO MA IL PROSSIMO SARA CERTO
IL PRIMO POSTO E BASTA
SI GRADE BOSSA VIPERA VELENOSA
E PROPIO QUESTO CHE VOGLIAMO NOI TUTTI
IL PRIMO POSTO E APLAUSI PER A GRANDE
ROSSA BELA MASERATI CHE NOI SOGNIAMO
DA BAMBINO
ALLA AUGURIZAZIONE DELLA FESTA NESSUNO
ABLAUSO DALLA SALA E SUBITO TUTTI A
SEDERE E SILENZIO. IL DIRETTORE CHE COSA CE
VI AVETO DIMENTICATO LA ROSSA DI
METTERLA SUL PODIO INSIEMO AL PRIMO
PREMIO
LA GRANDE BOSSA VIPERA VELENSA
QUESTO CI LA FACCIAMO VEDERE NOI IL

31

DONNA VIPERA VELENOSA

PROSSIMO ANNI A QUESTI BRUTTI DIRIGENTI

SI INIZIO COME IL SOLIDO IL TERZO PREMIO
VA ALLA REGIONE DEL NORD E A PLAUSI
IL SECOND VA QUESTA VOLTA AL CENTRO
DEL PAESO E APLAUSI
E ALLORA SIAMO AL PRIMO PREMIO
GRANDO DEL' ANNO VA SUL GRADINO
PIÙ ALTO
PER LA PRIMA VOLTA ALLA REGIONE DEL
SUD E A PLAUSI PER TUTTI I RAGAZZI

SI ALZO LA BOSSA VIPERA VELENOSA
PER UN MOMENTO DI SILENZIO CARI COLLEGI
IN QUESTO MOMENTO SIAMO DECISO
CHE LA BELLISSIMA ROSSA LA PRE.
NOI SUL PARCO IL PROSSIMO ANNO PER
INCORAGIARE I RAGAZZI
CI LA FAREMO SOLO VEDERE E NON LA DEVONA
TOCCARE
ALLA MATTINA BEN PRESTO SI PENSAVO SOLO
DI SALIRE IN MACCHINA E VELOCE A CASA
PER TORNARE ALLA VECCHIA TANA COME
LA VOLPA
LA BOSSA VIPERA VELENOSA
CONTENTA E FELICE PER FARE VEDERE
IN FAMIGLIA IL GRANDO PREMIO IL PRIMO
ALCUNI GIORNI DOPO AL'IMPROVISO LI
VENNO AL PADRE UNA MALORA E SUBITO

ROCCO TARANTINO

DONNA VIPERA VELENOSA

ALLA CHLINICA AL PRONTO SOCCORSO
DOPO LA VISITA DISSO IL DOTTORE DEVE
LASCIA RICOVERATO QUA A DOMANI PAPA

LA BOSSA VIPERA VELENOSA DISSO
DI MIO ADESSO QUESTA BRUTTA NOTIZIA
NON CI VOLEVO LA MORTA TUA
SI DICE CHE QUANDO È ARRIVATO IL
MOMENTO SI LA LUCE DELLA CANDELA
SI SPEGNERA È L'ANIMA ANDRA IN CIELO
DA DIO E SI È LA VITA COSI DI TUTTI NOI

SIAMO COME I UCCELLI VENIA VOLANDO È POI
ANDIAMO VIA VOLANDO ALLE PARTE CALDO
COSI SI CERCAVO DI LAVORA ANCHE FINO A
MEZZA NOTTE PER DIMENTICA IL PASSATO
A TARDA SERA DISSO AI RAGAZZI DOMANI
NON SONO IN MAGAZINO FATE ATENZIONE
CARO MARITO MIO DOMANI DEVI ESSERE ACCANDO
A ME È BASTA È PER UNA SOPRESA BELLA
ALCUNE ORE DI ATOSTADA DEL SOLE VESO
NORD
LA BOSSA VIPERA VELENOSA CARO
ADESSO CHIUDI GLI OCCHI È APRI QUANDO
DICO IO. ADESSO PUOI APRIRE I OCCHI È
VEDI LA BELLA ROSSA MASERATI CHE
NOI DA BAMBI SEMBRE SOGNEVAMO
ALLA PARTENZA IL SIGNORE DELLA
FAMOSA FABRICA QUANDO SIETE PER

DONNA VIPERA VELENOSA

LE STRADE IN ITALIA POTETE ANDARE
TRAQUILLO VELOCE CHE TUTTI VI FANNO
STRADA ANCHE LA POLIZIA STRADALE VI FA
STRADA
PER FARE VEDERE LA GRANDE BOSSA
VIPERA VELENOSA
LA VERA SOPRESA SOPRESA VERA ECCOLA
QUA LA ROSSA BELLA MASERATI CHE
DA BAMBINI SOGNEVAMO ADESSO LA POTETE
ACCAREZARE CON LE MANI È VERA

UN ANNO DOPO ALLA PRESENTAZIONE
DEL PREMI FA COME IL SOLIDO
IL TERZO PREMIO VA AL SUD DEL PAESO
IL SECONDO PREMIO VA NORD
DELLE ALPI

IL PRIMO PREMI VA AL CENTRO SUD
E A APLAUSI A TUTTI I PREMIATI DI
QUESTO ANNI

LA GRANDE BOSSA VIPERA VELENOSA
SCUSATO PER UN MOMENTINO SIGNORI E
SIGNORIA LA VERA SOPRESA STA PROPIO
FUORI DA VANTO ALLA SALA LA POTETE
SOLA GUARDARE MA NON TOCCARLA

LA BOSSA VIPERA VELENOSA SUBITO
COME LA VECCHIA VOLPA VELOCE ALLA

ROCCO TARANTINO

DONNA VIPERA VELENOSA

VECCHIA TANA PER PRESENTARE
IN FAMIGLIA È I RAGAZZI DI NUOVO
IL PRIMO PREMIO DEL'ANNO

CHIESA È PRONTO LA CENA SI È GIÀ
SUL TAVOLO CARA BUONO APPETITO A
TUTTI VENGO ANCHE IO SUBITO A TAVOLA
DOPO LA CENA GUARDAVANO INSIEMO
ALLA PICCOLA IL TELEGIORNALE DELLA
NOTTE LE ULTIME NOTIZIE PER
ABITUTINE
AL MOMENTO CADO SUL LATO DETRO
DEL DIVANO LA PICCOLA FIGLIA PAPA
COSA CE RISPONDIMI CORSA DALLA MAMMA
VIENI SUBITO CHIAMI IL PRONTO SOCCORSO
IL DOTTERE DISSO È MEZZO PARIZATO
VELOCE CON LE LUCE LAMPEGIANTO ALLA
CHLINICA CHE DIO TI LA MANDA BENE

IL DOTTORE DISSO È PARILIZATO CI VOGLIONO
DELLE BONE TERAPIE LE MIGLIORE (...)
SONO AL NORD DEL PAESO
LA VIPERA VELENOSA DISSO SUBITO DEVE
AVERE LE MIGLIORE TERARIE CHE LUI
DI TORNARE A CASA SUA COME PRIMO

LA VIPERA VELENO
ERA SCIOCCATA PER LA MORTE DEL SUO
MARITINO PUR TROPPO È FINITO PROPIO

DONNA VIPERA VELENOSA

COSIÈ COME DICE IL PROVERBIO ANTICO
QUANDO ARRIVA LORA LA LUCE SI SPEGNA
PER LA FAMIGLIA É SEMBRE MOLTO
DOLORO A PERDERE UN PADRE

ERA DESTINATO COSI DI TORNARE IN UNA
BARRA DI LEGNO A CASA SUA NATIVO
A FARE LA SUA PROPIA PRESENZA NELLA
BARRA DI LEGNO . SALUTARE PER LA
ULTIMA VOLTA A TUTTI A CASA SUA
É LA SUA CARA FAMIGLIA GRANDE CHE
LUI AMAVO TANTISSIMO
É ANCHE A TUTTI I CARI CHE ERANO
PRESENTI
IL GIO: PO. CERA IL FUNERALE AL PAESO
NATIVO É CERANO MIGLIAE DI PERSONE
PRESENTE É TANTISSIMI BELLI FIORI
MOLTI MAZZOLINI DI FIORI
LA GENTE PIANGEVA É METTEVONO I
MAZZOLINI DI FIORI SUL TAVUTO NELLA
CAPPELLINA PRIVATO DELLA FAMIGLIA

CHE L'AVEVANO CON LE L'ORE PROPIE
MANE COSTRUITO AI TEMPI VIVENTI

ANCORA OGGI SONO TUTTI LA SEPPELITO
ALLA CAPPELLINA DA L'ORO COSTRUITA
ANCORA OGGI DOPO DI TANTI ANNI CHE SONO
PASSATO CI FA MALE IL QUORE

ROCCO TARANTINO

DONNA VIPERA VELENOSA

LASCIA SEMBRE LACQUELINA IN BOCCA
DELLA CUCINA ITALIANA MEDITERRANEO
IL PROFUMO E DOLCI SAPORI INDIMENTICABILE
NELLA VERA VITA ETERNA

COSI E TUTTO FINITO ANCHE PER IL
POVERO MARIRITINO ERA SOLO AMORE
FINTO DELLA BOSSA VIPERA VELENOSA
ALLORA A CHE COSA È SERVITO TUTTO
QUELLO SUDORO E A CORRERE NELLA VITA
SUA IN VERA VERITA NON HA SERVITO
PROPIO A NIETE.

LA BOSSA VIPERA VELENOSA DISPERATA
E COME FARO A PORTARE LA GRADEZIENDA
E LA FAMIGLI COSI GRANDE DEL GENERO
E MIA COLPA CHE NON MI SONO MAI
INPEGNATO A CONOSCERE COME SI DOVEVO
LA ZIENTA DEL GENERO AVANTO DA
SOLA
I PARENTI DISSERO MEGLIO COSI CHE I
GENITORI SUOI NON VEDONO LA MALA
FINE DELLA ZIENTA GRANDE
COSI È STATO È COSI SARA SEMBRE
NEL FUTURO
BISOGNA ARRANCIARSI CON IL LAVORO
DOVE SI TROVA UNPO QUA E UN PO
LA PER SOPRA A IVELE CON LA GRANDE
FAMIGLIA

38

DONNA VIPERA VELENOSA

LA 'ZIENDA È CHIUSA É NON SI SA
COME ANDRA A FINIRE NE FUTURO
E QUESTA È LA VERA BELLA DOL VITA
CHE L'UOMO SOGNA DA RAGAZZINO

OPPURO È LA UMELTA MODERNA
CHE CI COSTRINGE A VIVERE COSÌ
BRUTTO IN QUESTO MONDO AL'INFINITO
QUESTO PIANETO BLU È PURO
BELLISSIMO A VIVERE

ROCCO TARANTINO

ROCCO TARANTINO

DONNA VIPERA VELENOSA
EINE WAHRE GESCHICHTE